Rüstungen

Rüstungen

P. Klučina · P. Pevný

Rüstungen

Verlag Werner Dausien · Hanau

RÜSTUNGEN

Text von Petr Klučina
Illustrationen von Pavol Pevný
Ins Deutsche übertragen von Ute Kurdelová
Graphische Gestaltung von Václav Rytina

ISBN 3-7684-1391-8
VERLAG WERNER DAUSIEN
HANAU

VORWORT

Schon seit den Uranfängen seiner Existenz verwendete der Mensch Waffen. Mit ihrer Hilfe jagte er Wildtiere und verteidigte sich auch vor den Angriffen von Raubtieren und feindlich gesinnten Nachbarn. Bald stellte er fest, daß er nicht nur angreifen, sondern sich auch vor Hieben schützen mußte. Nun begann die lange Entwicklung der Schutzwaffen. Mit diesem Begriff bezeichnet man alle Bestandteile der Ausstattung eines Kriegers, die seinem passiven Schutz vor den Wirkungen der Waffen eines Gegners dienen. Die Schutzwaffen, arma defensiva, bestehen aus verschiedenen Komponenten. Da ist zunächst die eigentliche Schutzbekleidung, die den Rumpf des Kriegers mehr oder weniger bedeckt. Ergänzt wird sie vom Kopfschutz, dem Helm, sowie dem Schild, der so gehandhabt werden kann, daß er die mit den Waffen der Feinde geführten Angriffe auffängt oder abwehrt.

Zu Anfang wurden die Bestandteile der Schutzwaffen auf primitive Weise aus einfachen, in der Natur leicht zugänglichen Materialien hergestellt. Der Mensch sah, daß das Fell, in das er sich kleidete, einen Schlag auffangen oder abbremsen konnte, und daß ein Pfeil von beinernem Schmuck abprallte. Deshalb wur-

Goldener Helm aus dem vorkolumbianischen Amerika. Er stammt aus Kolumbien und ist offensichtlich das Werk des Indianerstammes Quimbaya.

den Felle und Häute, mitunter Baumrinde, Holz und Knochen (statt Helmen konnten auch die Schädel größerer Tiere verwendet werden) zu den ersten Werkstoffen für die Herstellung von Schutzwaffen. Die eigentliche Entwicklung, das große Zeitalter der Schutzwaffen, setzte jedoch erst mit der Vervollkommnung der Metallverarbeitungstechniken ein. Metall als Ausgangsmaterial für die Herstellung von Schutzwaffen begann sehr bald zu dominieren, selbst wenn die uralten Werkstoffe, wie Häute, Felle, Stoffe und Holz, nicht völlig in Vergessenheit gerieten.

Die Schutzwaffen waren zu keiner Zeit eine billige Angelegenheit. Sie wurden daher auch zu einem Symbol der gesellschaftlichen Stellung ihres Trägers, zu einem Repräsentationsgegenstand, der oftmals reich und aufwendig verziert wurde.

Das Aussehen der Rüstung war durch eine Reihe von Faktoren bestimmt. Das waren vor allem die Zugänglichkeit des Materials, aus dem die Rüstung hergestellt werden sollte, das technische Niveau ihrer Bearbeitung, die zeitgemäße Kampfart und die verwendeten Waffen.

Chimalli-Schild, dem aztekischen Herrscher Ahuapoth zugeschrieben. Das Bild entsteht durch ein Mosaik aus bunten Federn, betont durch Umnähen mit Goldfäden.

Die Entwicklung der Schutzwaffen ist relativ gut bekannt. Der Kampf und die Kriege inspirierten jahrhundertelang viele Künstler. So begegnen wir Beschreibungen der Ausrüstung nicht nur in zeitgenössischen Fachschriften und amtlichen Dokumenten, sondern auch in literarischen Werken. Krieger in Vollrüstung sind auf Wandmalereien, Fresken, Gemälden und Illuminationen zu sehen. Das Motiv der Rüstung und ihrer Teile ist auch der Bildhauerkunst nicht fremd. Vor allem aber werden Rüstungen häufig bei archäologischen Ausgrabungen gefunden, sie sind zahlreich vertreten in Sammlungen vieler Museen und Privatpersonen, sie bilden einen Bestandteil des Inventars von Schlössern und anderen Adelssitzen. In erster Linie ist die Metallrüstung erhalten geblieben, weil das Material, aus dem sie hergestellt wurde, nicht so rasch verdarb. Deshalb haben wir nicht nur einen Überblick über die typologische Entwicklung der Schutzwaffen, sondern verfügen auch über einzigartiges Anschauungsmaterial zur Geschichte einer Reihe von Handwerken, die sich mit Metallbearbeitung befassen.

Perückenhelm des Prinzen Meskalamduga aus dem Grab Nr. 755 der königlichen Grabstätte im sumerischen Ur. Er wurde aus Elektrum gefertigt und stammt aus der Mitte des 3. Jahrtausends v. Chr. Er war vermutlich das Machtsymbol des Herrschers.

AUS DER WERKSTATT DES HEPHÄST

auf einer Leder- oder Stofftunika in Reihen dicht nebeneinander kleine rechteckige oder quadratische Metall-Lamellen (Plättchen) befestigt wurden. Konsequent wurden die Möglichkeiten der Schutzwaffen von den Assyrern genutzt, die vom 11. bis zum 7. Jahrhundert v. Chr. mit Waffengewalt ein mächtiges Reich aufzubauen versuchten. Einige assyrische Panzer hatten die Form einer kurzen taillenlangen Weste, andere bedeckten den Krieger bis zur Mitte der Oberschenkel. Das schwere Fußvolk trug eine noch vollkommenere Rüstung. Die Metallplättchen dieser Rüstung bedeckten den Krieger buchstäblich von Kopf bis Fuß. Er trug einen langen Rock mit kurzen Ärmeln, der auf seiner ganzen Oberfläche mit Metall-Lamellen besetzt war. Ein notwendiger Bestandteil der Ausrüstung der assyrischen Krieger waren die Helme. Einige wurden

Vollrüstung aus der Mitte des 15. Jahrhunderts v. Chr. Sie gehörte wahrscheinlich einem Würdenträger, der auf einem Kriegswagen kämpfte, wo ihm die verringerte Beweglichkeit durch das Gewicht der Rüstung nicht hinderlich war. Die Rüstung mit Beinschutz, Resten des Schildes und des Eberhelmes wurde im Kammergrab Nr. 12 auf dem Berg Medea bei der griechischen Siedlung Dendra gefunden. Im Altertum befand sich hier der Sitz mykenischer Vasallenfürsten.

Dreischeiben-Brustplatte eines Küraß, wie sie das Volk der Samniten verwendete.

aus Leder hergestellt und am unteren Rand mit Metallreifen befestigt, andere waren ganz aus Metall. Sie hatten entweder eine konische, in eine Spitze auslaufende Form, oder sie waren halbkugelförmig mit einer unterschiedlich geformten Metallfassung für den Helmbusch aus Roßhaar. Die Schilde der Assyrer überraschten nicht nur durch die Vielzahl der Form und Größe, sondern auch durch die Buntheit der verwendeten Materialien. Sie waren groß, rund, ledern, mit einer Metallnabe in der Mitte, es gab kleinere, runde Holzschilde, aber auch runde, aus Weidenruten geflochtene und gewaltige längliche, massive, metallbeschlagene Holzschilde, hinter denen sich der Bogenschütze mit dem Schildträger während des Kampfes verbarg. Die Vielfalt der im Vorderen Orient und in Kleinasien verwendeten Mittel des passiven Schutzes der Krieger war gewaltig. Die Armeen der hier entstehenden Reiche, etwa des persischen, waren daher ungewöhnlich bunt. In gewisser Weise beeinflußten sie in den häufigen Kriegen auch die Typologie der in einem anderen Teil der damaligen Welt hergestellten Rüstungen. Vor allem in Griechenland konstituierte sich Zug um Zug, in mehreren Migrationswellen eine Gesellschaft, die das altertümliche Kriegswesen zu einem seiner Höhepunkte führte, und damit auch die verwendeten Waffen und Rüstungen.

„…Zuerst schuf er einen Schild, rund, groß und fest, schmückte ihn überall geschickt, dann fügte er einen glänzenden, dreifachen, prächtigen Saum und an den Schild auch einen silberbeschlagenen Riemen an. Am Schild selbst waren fünf Schichten und auf der oberen

Die Skythen verwendeten oft Rüstungsbestandteile, die von griechischen Handwerkern gefertigt waren. Dazu gehört auch dieses mit dem Kopf der Medusa verzierte Bruststück.

Helm vom sogenannten korinthischen Typ. Diese Helme waren zwar relativ schwer, doch sie schützten den ganzen Kopf des Kriegers einschließlich des Gesichtes. Der abgebildete Helm ist aus Bronze und die Überlieferung schreibt ihn Miltiades, dem Befehlshaber der Griechen in der Schlacht bei Marathon (490 v. Chr.) zu. Heute im Museum in Olympia.

Fläche schuf er mit klugem Sinn auch zahllose prächtige Verzierungen. In der Mitte stellte er die Erde dar, das Himmelsgewölbe sowie das Meer, die Sonne, die keine Müdigkeit kennt und den Mond, der gerade im Vollmond stand. … Da er also den Schild so sorgfältig, stark und fest gefertigt hatte, fertigte er ebenso den Panzer, der stärker strahlte als das Feuer, er fertigte einen schweren, an den Schläfen ansitzenden, schmückenden, maßlos schönen Helm und fügte einen goldenen Helmbusch hinzu, und er fertigte für Achilles auch Beinschienen aus gezogenem Zinn an …“

So beschreibt Homer (ca. 700 v. Chr.) in seiner „Ilias“ die Rüstung, die der göttliche Schmied Hephäst für den Recken Achilles schuf. Es hat sich offensichtlich um ein echtes Kunstwerk gehandelt. Diese Verse machen uns mit der kompletten Rüstung bekannt, die von einigen der berühmtesten Krieger des Altertums getragen wurde, von den Angehörigen des griechischen schweren Fußvolkes, den Hopliten. Die ganze komplette Rüstung hieß Panoplia. Zu ihr gehörten als Kopfschutz ein Helm, als Körperschutz ein Panzer und ein Schild, dazu metallene Beinschienen, die das Bein des Hopliten vom Spann bis zum Knie schützten.

Schon in mykenischer Zeit gab es eine Kaste wilder Krieger, die entweder als Fußvolk oder auf Kriegswagen kämpften. Der Kriegswagen, eigentlich eine

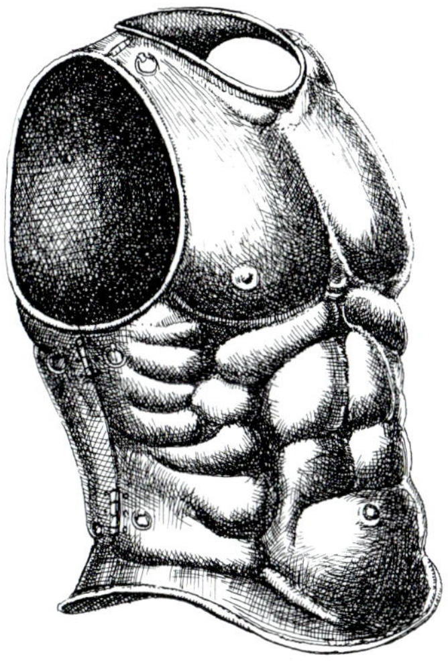

Nachbildung eines typischen Muskelpanzers, wie ihn nicht nur griechische Krieger, sondern auch Etrusker und Römer benutzten.

Sogenannter Thrakerhelm aus dem 4. Jahrhundert v. Chr., ein beliebter Helmtyp in Griechenland. Er ist aus Bronze und mit Voluten verziert, hat einen Nackenschutz und bewegliche Backenstücke. Er wurde in Gavarni gefunden, heute befindet er sich im Museum von Braila in Rumänien.

Art Panzerwagen des Mittelalters, war lange Zeit ein gefürchtetes Kriegsmittel. Aus seinem Kasten konnten die Krieger Speere in die Reihen der Feinde schleudern oder mit dem Bogen schießen. In der mykenischen Zeit bestand seine Besatzung vermutlich aus einem gepanzerten Krieger und einem Troßsoldaten. Er trug einen schweren Panzer aus mehreren Bronzeplatten, der ihn bis zu den Knien schützte, Metallbeinschienen und einem Helm. Eine solche Ausrüstung wurde von Archäologen bei Grabungen in Dendra gefunden. Allerdings legte nicht jeder mykenische Soldat einen Plattenpanzer an. Viele begnügten sich mit einer Bekleidung im Schnitt einer Tunika mit kurzen Ärmeln, die bis zur Mitte der Oberschenkel reichte. Hier waren zwischen zwei Stoffschichten 20–22 größere und 10–12 kleinere Bronzeplatten eingenäht. Anderen Kriegern mußte ein Schild als Schutz genügen. Man verwendete große, längliche, die ganze Gestalt verdeckende Schilde aus Leder, das auf einen Holzrahmen gespannt war, und kleine, runde Schilde. Typisch war der „Achterschild", den wir von einigen kleinen Modellen und Wandmalereien her kennen (z.B. in Cadmea). Schilde dieser Art verdeckten ebenfalls den ganzen Krieger. Sie hatten einen Holzrahmen und eine massive Mittelrippe, sie wurden mit einem Weidengeflecht ausgefüllt und an der Außenseite mit

Griechischer Küraß, Vorder- und Hinterblech. Er deutet die Muskulatur des männlichen Körpers an.

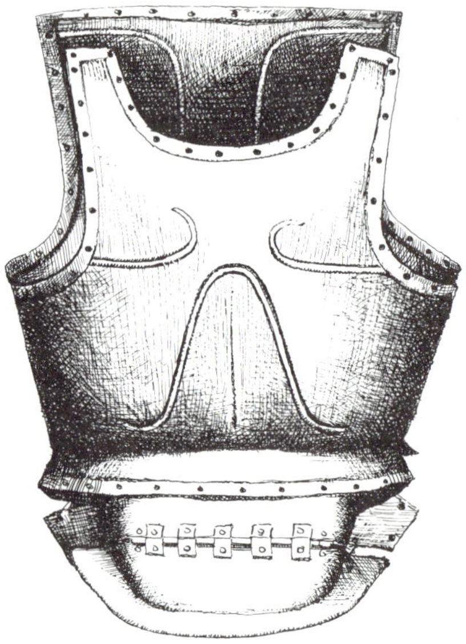

Dieser reich verzierte Prunkhelm gehörte offensichtlich einem dakischen Würdenträger. Er wurde vermutlich von einem griechischen Handwerker angefertigt, doch seine Form und Verzierung verraten starke Einflüsse der skythischen und iranischen Kunst und lokale Züge. Er wurde 1928 in Rumänien zufällig auf dem Gelände einer dakisch-getischen Siedlung aus der La-Tène-Zeit gefunden.

Typische bronzene Beinschiene der griechischen Hopliten aus dem 5. Jahrhundert v. Chr.

Keltischer Schild aus Bronzeblech, mit getriebenen Ornamenten und Emailleeinlagen verziert. Auf der Rückseite war er vermutlich mit Holz ausgelegt. Der Schild ist 77,5 cm hoch. Er wurde anscheinend nicht im Kampf benutzt, sondern bei religiösen Handlungen verwendet. Er stammt aus dem 1. Jahrhundert n. Chr. und wurde in der Themse bei Battersea gefunden.

Mit Hörnern verzierter keltischer Bronzehelm. Er wurde in der Themse gefunden und stammt aus dem 1. Jahrhundert n. Chr. Der Helm wurde aus Dünnblech hergestellt und seine gesamte Konstruktion ist sehr subtil. Deshalb war es höchstwahrscheinlich ein Paradehelm, der nicht im Kampf verwendet wurde.

Bronzehelm vom Bosporustyp aus einem von Skythen bewohnten Gebiet.

einer starken Lederhaut bezogen. Die mykenischen Krieger trugen auch Helme. Es handelte sich dabei entweder um eine Art Ledermütze, die oben mit Metallplättchen besetzt war, oder um echte Helme aus Bronzeblech mit Wangenschutzplatten an den Seiten und Tüllen obenauf, in die ein Roßhaarbusch eingesetzt wurde (ein solcher Helm wurde in Tiryns gefunden). Der bekannteste Typ eines mykenischen Helmes ist zweifellos der sogenannte Eberhelm. Es handelte sich um einen Lederhelm, der mit Sehnen und Filz befestigt und mit mehreren Reihen dicht nebeneinander befestigten Eberzähnen besetzt war. Diese Eberzähne wurden tatsächlich gefunden, und das Aussehen des Helmes ist auf mehreren Kunstdenkmälern aus jener Zeit zu sehen. Es war wiederum Homer, der diesen Helm in seiner „Ilias“ recht genau beschrieb.

Keltischer Bronzehelm, der wahrscheinlich aus Italien stammt. Er hat beweglich angehängte Backenstücke und einen kurzen Nackenschutz. Er stammt aus der mittleren La-Tène-Zeit (3. – 2. Jahrhundert v. Chr.). Er gehört zu den Helmen, die von Ausgrabungen auf dem Gebiet der Senonen bekannt sind. Diese Helme waren der Ausgangstyp für die standardisierten Helme der römischen Legionäre, die bis zum Beginn des 1. Jahrhunderts n. Chr. verwendet wurden.

Rekonstruktion der Ausrüstung eines keltischen Kriegers. Im Unterschied zu den Stammesführern kämpften die einfachen keltischen Soldaten halbnackt oder nackt und schützten sich nur mit einem größeren Holzschild. Der Krieger auf der Abbildung trägt den typischen keltischen Helm.

„... auf den Kopf setzte er ihm einen Helm aus einer einem Hund abgezogenen Haut. Diese ist an der Innenseite mit zahlreichen Litzen festgespannt, und an der Außenseite sind weiße Zähne, mit denen der Eber blitzte. Sie sind dicht übereinander eingesetzt, das kluge und geschickte Werk ist in der Mitte mit Filz ausgelegt..."

Aus den Trümmern der mykenischen Zivilisation begann die neue, faszinierende Kultur des klassischen Griechenland zu keimen und zu wachsen, die nicht nur das eigentliche Festlandgriechenland erfaßte, sondern auch die Inseln im Ägäischen und Ionischen Meer und später, mit der großen Welle der griechischen Kolonialisierung die Küste Kleinasiens, des Schwarzen Meeres und das ferne Nordafrika, Sizilien, den Süden Italiens und Frankreichs und mittelbar andere Gebiete. Grundlage der militärischen Stärke der griechischen Stadtstaaten war der Bürger, der seinen Staat mit der Waffe in der Hand verteidigen mußte. Die Vermögensverhältnisse des Einzelnen bestimmten dann, welche Ausrüstung er sich besorgen mußte, und damit auch seinen Platz im Heer. Den besten Teil des Heeres bildete die schwere Infanterie, die Hopliten. Diese geharnischten Fußsoldaten, die in geschlossener Reihe

Von Helmen wurden früher auch andere Kopfbedeckungen inspiriert, zum Beispiel diese goldene skythische Krone.

Legionärsschutzkleidung, die sogenannte Lorica segmentata. Diesen Panzertyp verwendeten die Legionäre vom 1.–3. Jahrhundert n. Chr. Er löste den früheren Ringpanzer ab. Der Panzer besteht aus Eisenstreifen, die durch Lederriemchen und Bronzenieten miteinander verbunden sind. Der obere Teil des Panzers ist mit dem unteren durch Bronzehäkchen verbunden. Vorn wurde die Lorica segmentata mit Lederriemchen verschnürt.

Nachbildung eines standardisierten römischen Legionärshelms, wie er bis zu Beginn des 1. Jahrhunderts n.Chr. verwendet wurde. Er geht von keltischen Helmen des senonischen Typs aus.

Die sogenannte Eiserne Galea ist ein schwerer Legionärshelm mit hohem Nackenschutz, anatomisch geformten Backenstücken und einer Halterung für den Federbusch oben auf der Glocke. Dieser ebenfalls von keltischen Mustern ausgehende Helmtyp wurde seit dem

angriffen, wurden der Schrecken vieler Feinde. Vermögendere Bürger unterhielten zu Hause ganze Waffenarsenale. Eines von ihnen beschreibt der Dichter Alkaios (ca. 620–580 v. Chr.). Er schreibt über Helme mit wehenden Roßhaarbüschen, Metallbeinröhren, über leinene Panzer und erhabene Schilde, die an die Wand gelehnt standen. Schon im 8. Jahrhundert hatte ein Hoplit eine weitgehend standardisierte Ausrüstung, wie etwa die in Argus gefundene Rüstung. Den schweren Helm ergänzte ein glockenförmiger Bronzepanzer, bestehend aus Brust- und Rückenstück, ein runder, erhabener, bronzebeschlagener Schild und bronzene Beinschienen. Bis zum 6. Jahrhundert tauchten sporadisch weitere Teile der Rüstung auf, die andere Körperteile schützen sollten, etwa Platten zum Schutz der Ober- und Unterarme, der Oberschenkel, oder hohe bronzene Schuhe. Diese Platten beengten jedoch die Beweglichkeit zu sehr und waren unbequem. Daher setzten sie sich nicht durch. Den Bronzepanzer in Glockenform gab es damals auch in anderen Gegenden Europas, im heutigen Frankreich und der Schweiz, in Etrurien und schließlich in Mitteleuropa.

Maskenartiger Prunkhelm eines römischen Reiters. Die Helmglocke ist aus Eisen, der Gesichtsteil aus versilberter Bronze. Er wurde in einem Grab aus dem 1. Jahrhundert n.Chr. gefunden, bei Ausgrabungen einer römischen Villa nahe der Gemeinde Čatalka in Bulgarien. Zusammen mit dem Helm entdeckte man hier die komplette Ausrüstung eines Reiters - Küraß (Brustharnisch), Beinschützer, Schild, Sporen, zwei Schwerter, 50 Pfeilspitzen und sechs Lanzenspitzen.

Hellenistischer Krieger in Vollrüstung. Es handelt sich um einen Soldaten der Phalanx, ausgerüstet mit einer langen Lanze, der Sarisa. Er hat einen typischen Helm und einen Ringpanzer, der von keltischen Vorbildern abstammt.

Allmählich kam es in Griechenland zu einer Verfeinerung der verwendeten Ausrüstung in einem Maße, das den Bedürfnissen des damaligen Kriegswesens ideal entsprach. Die Grundlage des Schutzes eines Kriegers war ein größerer, runder, leicht gewölbter Schild, der ihn vom Hals bis zur Mitte der Oberschenkel verdeckte. Er wurde aus Holz gefertigt und an der Außenseite meist mit Bronze beschlagen. Innen war er mit Leder ausgelegt. Er hatte hier einen oft verzierten metallenen Halt für den Unterarm und am Rand einen Griff, den die Hand des Hopliten umfaßte. Am Innenrand war eine Schnur befestigt, damit der Krieger den Schild beim Marsch auf dem Rücken hängend tragen konnte. Der Schild hieß Aspis und war mit einem gemalten Symbol verziert, das Episema hieß. Mitunter war seine Verzierung plastisch oder aus Metall gefertigt. Ein beliebtes Motiv war der Gorgonenkopf. Zum Schild gehörte auch der Schutz des Rumpfes, der Pan-

In Rom waren die populären Reiterkampfspiele mit dem Totenkult verbunden. Die Rüstung schützte nicht nur den Kämpfer, sondern auch sein Pferd.

Aus einer solchen Rüstungsgarnitur stammt auch dieser bronzene Stirnpanzer für Pferde, gefunden in Einigen in Niederbayern. Er wurde in der ersten Hälfte des 3. Jahrhunderts n. Chr. hergestellt.

zer. Im Prinzip verwendeten die Griechen zwei Arten von Panzern, vor allem den sogenannten Leinenpanzer. Er bestand aus einem Rück- und einem Vorderteil und großen Schulterstücken, die am Rücken befestigt waren und deren vordere Enden an einem Ring im Bruststück der Rüstung angebunden wurden. Die Rüstung bildeten Schichten aus festem Leinen, verstärkt mit eingelegten Metallplatten, obenauf befestigten Lamellen oder Bronzeschuppen. Eine solche Rüstung war verhältnismäßig leicht und behinderte den Träger nicht in seiner Bewegung. Zusammen mit dem Schild bot sie dem Krieger genügend Schutz. Sie verdeckte ihn aber nur bis zur Taille. Daher gab es bald als Verbesserung dieser Rüstung eine Reihe von zwischen den Leinenschichten befestigten länglichen Metallplatten, die vom Rand des Panzers etwa bis zur Mitte der Oberschenkel herabhingen. Man nannte sie Flügel, Pteryges. Der zweite Rüstungstyp ging von dem antiken Schönheitsideal aus, das die Griechen verehrten. Es war ein zweiteiliger Küraß (Vorder- und Rückenplatte), ein Brustharnisch aus Bronze, der die Muskeln des männlichen Körpers genau nachbildete (sogenannter Muskelpanzer). Bis zum Ende des 6. Jahrhunderts herrschten die schweren korinthischen Helme vor, die den ganzen Kopf des Kriegers (außer den Augen) schützten und umspannten. Schrittweise wurden sie von ähnlichen, aber leichteren chalkidischen, illyrischen oder ionischen Helmen mit beweglichen Bakkenstücken abgelöst. In den Griechisch-Persischen Kriegen waren auch leichtere kegelförmige Helme vom Typ Pilos, thrakische und böotische Helme beliebt. Man benutzte sie mit einigen Formveränderungen noch in der hellenistischen Zeit.

Die Bronzebeinröhren wurden ursprünglich mit Schnüren am Bein befestigt, später wurden sie maßgefertigt. Jede Beinschiene bestand aus einem Stück Metall mit einem Schlitz hinten an der Wade. Hier ergriff sie der Hoplit, bog sie, die Elastizität des Metalls nutzend, auseinander und streifte sie auf das Bein, das sie dann fest umspannte. Seit dem 5. Jahrhundert v. Chr. wurden die Beinschienen auch verziert. Die ganze Rüstung einschließ-

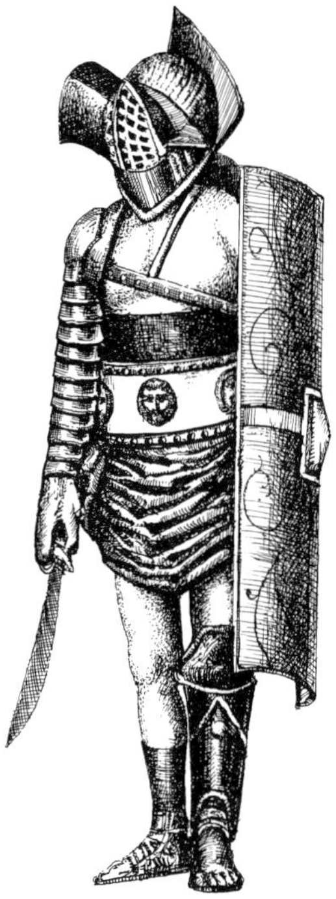

Gladiator in voller Ausrüstung. Es handelt sich um einen Krieger mit Schwert. Ihn schützte der geschlossene Gladiatorenhelm mit Gittervisier, ein großer Schild, ein Armschutz aus Metallstreifen und eine Metallschiene an dem Bein, das im Kampf näher zum Feind vorgeschoben wurde. Bei Gladiatorenkämpfen waren die trainierten Krieger mit verschiedenen Waffen und verschiedenen Teilen einer Schutzkleidung ausgerüstet.

Ein Legionär in Vollrüstung. Er hat einen eisernen Helm, eine Lorica segmentata und einen großen metallbeschlagenen Schild, das Scutum.

lich des Schwertes und der Lanze wog 30-35 kg. Aus diesem Grund hatte ein Hoplit einen oder mehrere Diener, die sie ihm bei Truppenverschiebungen trugen.

Die Rüstung war eine technisch anspruchsvolle Angelegenheit. Zur Anfertigung aller ihrer Teile waren mehrere spezialisierte Handwerker nötig. Diese schlossen sich in Griechenland zu Zünften, den Kollegien zusammen. In den Kolonien angesiedelte griechische Handwerker beeinflußten mit ihren Schöpfungen auch die Entwicklung der Ausrüstung einer Reihe von „Barbarenvölkern". Diese Meister arbeiteten zum Beispiel für die skythische Aristokratie, der Einfluß griechischer Vorbilder schlägt sich in der Ausrüstung der Thraker, Daker und anderer Völker nieder. Umgekehrt wiederum fanden äußere Einflüsse Eingang in die Ausrüstung der Griechen. Die Söldner aus den Gebieten der Barbaren brachten zum Beispiel einige Arten leichter Schilde (Pelten) nach Griechenland. Auch in der hellenistischen Zeit kam es trotz einer Reihe von Modifikationen, Änderungen und Stilbesonderheiten zu keiner Veränderung der Grundbestandteile der Rüstung eines schwerbewaffneten Fußsoldaten. Die Schwerbewaffneten zur Zeit des Hellenismus kämpften in Kleinasien, im Nahen Osten, in Ägypten, Thrakien, Italien, in karthagischen Diensten in Afrika, auf Sizilien, Sardinien und auf der Pyrenäenhalbinsel. Sie fanden lange Zeit keinen ebenbürtigen Gegner, dazu wurden erst die römischen Legionen.

Rom führte über Jahrhunderte den Kampf um seine Existenz gegen eine Vielzahl von Feinden, von de-

Maskenartiger Helm, gefunden in einem Grabhügel aus dem 1. Jahrhundert n. Chr. auf der Nekropolis der römischen Siedlung Trimonticum bei Plowdiw in Bulgarien. Die Helmglocke ist aus Eisen, der Lorbeerkranz und die Gesichtsmaske sind aus Silber.

nen es umgeben war, so etwa gegen die Etrusker, Samniten, Heruler, Äquer, Volsker und Gallier. Später, als seine Macht wuchs, geriet es auch in Konflikte mit den griechischen Stadtstaaten in Italien und auf Sizilien sowie mit dem mächtigen Karthago. Erst nach der Niederlage Karthagos wurde Rom zur Großmacht. Diese Position sicherte vor allem die Armee, deren Grundlage die schwerbewaffnete Infanterie war.

Betrachtet man ihre Ausstattung mit Schutzwaffen, so kann man feststellen, daß die Römer es hier wie auch in anderen Bereichen verstanden haben, sich restlos die Erfahrungen ihrer Gegner zunutze zu machen.

Im 8. Jahrhundert, als Romulus Rom gegründet haben soll, blühte in einigen Gegenden Italiens die Villanova-Kultur. Archäologische Funde aus jener Zeit enthalten relativ oft Bronzehelme mit einem hohen, spitz auslaufenden Kamm, die aus zwei am Kamm vernieteten Stücken bestehen. Die damaligen Krieger schützten ihren Körper meist mit einer 15 x 22 cm großen, länglichen Platte, die an Lederriemen befestigt war. Eine ähnliche Platte trug der Soldat auf dem Rükken. Einen qualitativ besseren Schutz bot der Panzer in Form eines Ponchos, der damals ebenfalls Verwendung fand. Die Schilde waren rund, mit einem Durchmesser von 50–100 cm, aus Bronze gefertigt. Sie wurden an einem Griff in der Schildmitte gehalten. Es gab wohl auch Schilde, die aus Weidenruten geflochten und mit Leder überzogen waren. So sahen die Schutzwaffen in Italien aus zu der Zeit, als Rom entstand.

Die römischen Legionäre gliederten sich in mehrere Gruppen auf, deren Ausrüstung durch die Vermögensverhältnisse bestimmt war. Die bestausgerüsteten Soldaten übernahmen (ebenso wie etwa die Etrusker) weitgehend die typische Ausrüstung der griechischen Hopliten. Die leichter bewaffneten Fußsoldaten trugen einen der einfacheren Helmtypen und wurden auf Brust und Rücken von nicht sehr großen, rechteckigen oder runden Bronzeplatten geschützt, die an Riemen befestigt waren, ähnlich denen, von denen wir oben schon berichtet haben. Eine wichtige Ergänzung zur Ausrüstung war der größere Holzschild – das Scutum. Über seine Entstehung und ursprüngliche Form ist man sich noch nicht einig. Eine Theorie behauptet, es habe sich anfänglich um einen ovalen Schild

Sarmatenkataphrakt – ein schwerbewaffneter Reiter in schuppenartiger Rüstung und Helm. Diese Reiter der Sarmaten und Parther waren ernste Gegner für die römischen Legionäre.

Nach parthischen Vorbildern stellten auch die Römer voll metallgeschützte schwerbewaffnete Reiter auf. Ein schuppenartiger Panzer bedeckte das Pferd. Den Sitz des Reiters festigte ein Sattel, der von keltischen Reitern übernommen war.

Nachbildung eines festlichen Gladiatorenhelmes.

mit einem Griff in der Mitte gehandelt, so wie ihn zum Beispiel Livius (59 v. Chr. – 17 n. Chr.) beschreibt. Andererseits beschreiben Dionysios und Diodoros (beide 1. Jahrhundert v. Chr.) das Scutum als länglich. Es scheint sich tatsächlich um einen längeren Schild mit abgerundeten Ecken und einer Metallnabe in der Mitte gehandelt zu haben, wie ihn etwa die in der etruskischen Stadt Vetulonia gefundenen Kriegerfiguren hatten.

Ein gewaltiger Impuls für die Standardisierung der Legionärsausrüstung war die Kampferfahrung aus den Kriegen gegen keltische Volksstämme. Von ihnen übernahmen die Römer den Typ des Helmes mit beweglichen Backenstücken und kleinem Nackenschutz, der bis zum Beginn des l. Jahrhunderts der Standardhelm der Legionäre war. Den griechischen Küraß ersetzte der von den Kelten übernommene Ringpanzer, der im Schnitt die griechische Leinenrüstung nachahmte. Die Schutzbekleidung wurde durch einen großen, erhabenen, länglichen Holzschild ergänzt, der mit Leder bezogen und mit Beschlägen befestigt war, das Legionärsscutum.

Es muß betont werden, daß der Beitrag der Kelten oder Gallier, wie sie die Römer bezeichneten, zur Entwicklung der Schutzwaffen im Altertum gewaltig war und bis heute unterschätzt wird. Die keltischen Helme, von denen wir eine ganze Reihe von Typen kennen, wurden zu einem geeigneten Muster für die Legionärshelme. So sind auch die eisernen Helme mit kleinen Augenschirmen, messingbeschlagenem Ohrenschutz, großen Wangenschutzplatten und breitem Nackenschutz, wie wir sie von den Ausrüstungen der Legionäre in den ersten Jahrhunderten n. Chr. kennen, eigentlich nur eine vollendete Nachahmung keltischer Vorbilder. Der größte Beitrag der Kelten war aber die Erfindung des Ringpanzers, einer Rüstung, die aus einem Geflecht von ineinandergreifenden Ringen gebildet wurde. Sie bot einen guten Schutz und war zudem so elastisch, daß sie die Bewegung nicht allzu sehr behinderte. Von den Kelten übernahmen sie sowohl die Römer als auch die Krieger einiger hellenistischer Staaten. Die Volksstämme der Galater, die über den Bosporus nach Kleinasien vordrangen, brachten die Kenntnis dieser Ausrüstungen nach Osten, wo die Ringrüstung später zum beliebtesten Schutz eines Kriegers wurde. Dagegen waren die keltischen Schilde bei weitem nicht von so guter Qualität. Sie wurden aus Holz gefertigt und waren relativ schwach, so daß sie, wie Cäsar schreibt, mit einem einzigen schweren Legionärsspeer zu mehreren auf einmal durchstoßen werden konnten.

Auf ihrem siegreichen Vormarsch überrannten die Legionen die hellenistische Infanterie ebenso wie die ungeordneten Reihen der orientalischen leichten Kavallerie und das leichtbewaffnete Fußvolk. Erfolgreich überwältigten sie die Stämme der Kelten und hielten lange Zeit auch dem Ansturm wilder germanischer Stämme stand.

Die Variabilität der Ausrüstung der römischen Einheiten war relativ groß. Es gab hier halbschweres Fußvolk in Ringhemden (Kettenhemden) oder Lederüberröcken, Reiter in Schuppenpanzern usw. Die Befehlshaber trugen metallene oder lederne Muskelpanzer nach hellenistischem Vorbild. Ein typischer Legionär besaß jedoch eine Ausrüstung, die sich auf vielen Kampfplätzen der damaligen Welt bewährt hatte: auf dem Kopf einen schweren Helm mit großem Nackenschutz, einen Streifenpanzer, die sogenannte Lorica segmentata, und den schweren länglichen Schild, das Scutum. Im Orient erwartete die Legionäre eine Überraschung – die schwerbewaffneten Reiter der Sarmaten und Parther. Eine Schuppenrüstung bedeckte den ganzen Reiter von Kopf bis Fuß, und auch sein Pferd trug eine Schabracke, eine Satteldecke, die mit Metall-Lamellen besetzt war. Die Reiter verwendeten Bögen und lange, schwere Lanzen. Ihre Angriffe bezahlten viele Legionäre in vielen Kriegen mit dem Leben. Daher tauchte auch in der römischen Armee bald eine ähnliche schwere Reiterei dieses Typs auf. Die handwerkliche Vollkommenheit der Erzeugnisse der damaligen Werkstätten ist bis heute bewunderungswürdig. Die römischen Aristokraten ließen für sich und ihre Pferde reichverzierte Rüstungen anfertigen, die sie z.B. bei Kampfspielen im Zusammenhang mit dem Totenkult benutzten. Archäologen entdeckten viele Teile oder komplette solche Rüstungen. Sie gehören zu den Kleinoden in den Museen.

Mit dem Niedergang des Römischen Reiches trugen die Söldner verschiedener Volksstämme, die ihm dienten, ihre Gewohnheiten, Kleidung, Kampfweise und Ausrüstung in die Armee hinein, das Handwerk verfiel. Nach der Teilung ging das Weströmische Reich zusammen mit seinem Kriegswesen und der Tradition der guten Schutzrüstung unter. Das Oströmische Reich, unter dem neuen Namen Byzanz, überdauerte noch mehrere Jahrhunderte.

Reichverzierter spätrömischer Prunkhelm, gefunden in Pannonien.

DAS GOLDENE ZEITALTER
DES RITTERTUMS

Die Zeit der Völkerwanderung und der Fall des Weströmischen Reiches bedeuteten nicht nur eine wesentliche Veränderung der Landkarte im damaligen Europa, sondern auch den Verfall der Metallverarbeitungstechniken. Es tauchten Krieger auf, die auf unterschiedliche Weise Kriege führten und anders, meist primitiver ausgerüstet waren als die Soldaten der antiken Welt. Dennoch blieben für lange Zeit mehr oder weniger deutliche Reminiszenzen an die Antike bestehen, auch Einflüsse des Orients setzten sich durch.

Die Krieger des entstehenden Frankenreiches wurden meist von runden Holzschilden, in deren Mitte eine Metallnabe befestigt war, geschützt. Ihren Körper bedeckte eine Bekleidung aus festem Leder, auf dem ein verstärkender Beschlag in Form von Phaleren aufgenäht oder mehrere Metallplättchen nebeneinander befestigt sein konnten. Für lange Jahrhunderte wurde der Spangenhelm zu einem beliebten Helmtyp, dessen Ursprung am ehesten in Persien unter der Herrschaft der Sassaniden (224–651) zu suchen ist. Er war von relativ einfacher Konstruktion und schützte dabei den Kopf des Kriegers gut. Daher begegnen wir ähnlich konstruierten Helmen bis zum Beginn des 14. Jahrhunderts. Doch muß man sich vergegenwärtigen, daß es sich um einen ungemein teuren Teil der Rüstung handelte, den sich nur wenige leisten konnten.

Die Entwicklung des Kriegswesens führte zur Bildung von Armeen, deren Hauptbestandteil die schwerbewaffnete Reiterei wurde. Sie spielte bereits zur Zeit Karls des Großen (747–814) eine wichtige Rolle. Seine Krieger benutzten eine Rüstung, die aus einem

Spangenhelm aus dem 6. Jahrhundert n. Chr., gefunden in Chalon-sur-Saone, Frankreich. Die Grundlage seiner Konstruktion bilden sechs oben auf der Helmglocke verbundene Rippen mit einem kupfernen Endstück, oben eine Tülle für den Federbusch. Innen ist zwischen den Rippen eine Eisenfüllung angenietet. Die Rippen sind mit reicher Punzierung verziert. Der Saumstreifen am unteren Rand des Helmes ist aus Rohkupfer. Der Helm wiegt 950 g.

Helm (entweder ein Spangenhelm oder ein antikisierender Helm mit breitem Saum), einer kurzen Tunika, bedeckt mit Metallschuppen, und einem runden Schild bestand. Die Beine wurden durch starke, um die Waden gewickelte Lederriemen geschützt. Im damaligen Europa gab es wiederum auch vollkommenere, von der Antike her bekannte Ringpanzer. Sie hatten meist den Schnitt eines über die Knie reichenden Hemdes mit kurzen Ärmeln. Sie zählten vor allem zu den relativ guten Ausrüstungen skandinavischer Angreifer, die im 9. Jahrhundert Europa in Unruhe versetzten. Die Wikinger hatten unter anderem leichten Zugang zu hochwertigem Metall, eine lange Schmiedetradition und Handelskontakte zum Orient. So konnte ein irischer Chronikschreiber mit Bewunderung festhalten, daß diese nordischen Krieger ihre Gegner durch die glänzenden, reichen und zuverlässigen Rüstungen übertrafen. Die nordischen Rüstungen kennen wir vor allem von archäologischen Funden aus Skandinavien (z.B. Vendel bei Uppsala, Schweden) sowie aus England (Sutton Hoo, Suffolk). Der vollendetste Teil dieser Rüstung war das Ringhemd von unterschiedlicher Länge. Die Helme der Anführer bildeten wahre Kunstwerke. Sie hatten meist eine halbkugelförmige Glocke aus Eisen, reich verziert mit Bronzestreifen mit gehämmerten geometrischen und figuralen Verzierungen. Einige hatten auch Backenstücke, andere eine befestigte Ringkapuze. Das Gesicht schützte ein Naseneisen oder eine Art Visier, ein mit dem Naseneisen verbundener Metallbogen. Sie trugen jedoch auch Lederhelme. Der runde Holzschild war in der Mitte durch eine Nabe verstärkt. Seine Oberfläche war meist be-

Spangenhelm von der Wende des 6. zum 7. Jahrhundert, gefunden in Giulianova bei Ancona in Italien. Er hat sechs mit einem Kupferendstück verbundene Rippen, zwischen die spitze Eisenfüllungen angenietet wurden. Der Helm war vergoldet und wiegt 1230 g.

malt. So waren beispielsweise an den Seiten des bekannten Osebergschen Schiffes aus dem 9. Jahrhundert (Oslofjord) abwechselnd gelbe und schwarze Schilde angehängt. Die Wikinger trugen Rüstungen aus Metall-Lamellen, die auf einer Stoff- oder Lederunterlage befestigt wurden. Daneben gab es die Schutzbekleidung aus traditionellen nichtmetallischen Materialien, aus Leder. Sie waren billiger, und das durch Kochen hartgewordene Leder bot den Kriegern einen relativ soliden Schutz. Im Lauf mehrerer Jahrhunderte begegnen wir in Europa also einer breiten Skala einfacherer und technisch vollkommenerer Rüstungen. In den meisten Fällen handelte es sich um einen sehr teuren Teil der Ausstattung eines Kriegers. Das Ripuarische Gesetz aus dem 7. Jahrhundert führt zum Beispiel an, daß der Panzer so viel wie zwei Hengste, der Helm so viel wie ein Hengst und der Schild so viel wie ein Stier kosteten. Die gesamte Ausstattung eines karolingischen schweren Reiters für den Krieg (einschließlich des Pferdes) kostete so viel wie eine Herde von 45 Kühen.

Im 11. Jahrhundert beherrschte die schwere Ritterreiterei das europäische Schlachtfeld. Ein Reiter mußte ein sorgfältig individuell ausgebildeter Berufskrieger sein, der seine Waffen, ein schweres zweischneidiges Schwert, Lanze, Dolch und Beil oder Streitkolben, meisterlich beherrschte. Er lernte das von Jugend an ebenso wie das Reiten. Der Kampf war gewissermaßen die Lebensaufgabe eines Ritters und bildete in jedem Fall einen normalen Bestandteil seines Lebens. In den Schlachten nahmen auch die Herrscher ein großes Risiko auf sich, da Ritterehre und zeitge-

Eisener Spangenhelm aus dem 6. Jahrhundert, gefunden in der Slowakei bei Dolné Semerovce. Er hat vier Rippen, zwischen die Eisenfüllungen genietet wurden, und ist mit Vergoldung und Versilberung verziert.

nössische Bräuche sie zwangen, an der Spitze des Heeres anzugreifen, und sie nicht selten durch ihr persönliches Beispiel ihre Soldaten zu einem höheren Einsatz im Kampf mitreißen mußten. Damit ein Ritter erfolgreich kämpfen und sich vor allem dem Angriff widmen konnte, brauchte er sehr wirksame Schutzwaffen.

Ein großartiges Kunstwerk, das uns nicht nur über die Art des Kampfes in jener Zeit, sondern auch über die Ausrüstung der damaligen Soldaten berichtet, ist der wunderschöne Teppich von Bayeux (Normandie), der die Geschichte der Eroberung Englands durch den normannischen Herzog Wilhelm zeigt. Die Schlacht von Hastings (1066) ist mit Wolle auf Leinen gestickt. In seinem Heer begegnen wir bereits echten mittelalterlichen Schwerbewaffneten. Sie trugen eine knielange, vorn und hinten eingeschlitzte Schutzbekleidung, zu der auch eine den Kopf bedeckende Haube gehörte. Von Schutzbekleidungen gab es mehrere Arten. Sie hatten den gleichen Schnitt, aber eine unterschiedliche Konstruktion. In vielen Fällen hatten sie eine feste Stoffunterlage, auf der längliche oder quadratische Plättchen dicht nebeneinander befestigt wurden, und zwar so, daß sie völlig bedeckt war. Andernorts begegnen wir der ähnlich konstruierten Schuppen-Rüstung. Der vollkommenste Typ war jedoch das lange Ringhemd, die Brünne. Ein schönes Beispiel eines solchen Panzerhemdes ist im Schatz des Heiligen Veit in Prag erhalten geblieben. Es ist das Ringhemd des Heiligen Wenzel, das etwa aus dem 10. Jahrhundert stammt. Die Schutzbekleidung wurde durch flache Lederschuhe mit Riemchen ergänzt, mit denen sich der Krieger die Waden bis unter die Knie umwickelte. Auch diese Riemen waren manchmal durch Nieten oder Metallplättchen befestigt. An die Kapuze schloß sich ein konischer, ein sogenannter normannischer Helm mit Nasenschutz an. Der Schmied trieb ihn entweder aus einem Stück Blech oder konstruierte ihn in ande-

Vergoldeter Spangenhelm aus dem 6. Jahrhundert, gefunden in Dolné Semerovce in der Slowakei.

ren Fällen ähnlich wie die älteren Spangenhelme aus mehreren Platten, die er von unten an ein aus Eisenrippen bestehendes Gerüst annietete. Die Ausrüstung wurde durch einen extrem großen, mandelförmigen Reiterschild ergänzt, der mit Beschlägen verstärkt war. Der Ritter trug ihn an einem Tragriemen über der Schulter, und der Schild schützte ihn vom Oberarm bis zum Spann des linken Fußes. Die Rüstung war einerseits eine funktionelle Angelegenheit, andererseits aber auch das Zeichen der gesellschaftlichen Stellung und des Reichtums des Trägers und wurde daher oft verziert. Die Helme und Panzer wurden versilbert, vergoldet, auf den Lamellen- und Schuppenbekleidungen konnte ein interessanter Effekt entstehen durch die Kombination verschiedener Materialien (z.B. Eisen und Bronze), gegebenenfalls durch gezielte Oberflächenaufbereitung (Vergoldung, Versilberung). Die Helme waren ebenfalls vergoldet, versilbert oder ihre Glocke wurde mit farbigem Leder überzogen. In schriftlichen Quellen wird allgemein auch von „bemalten“ Schilden gesprochen. Die mit Pergament oder Leder überzogenen Schilde wurden gefärbt (beliebt war die rote Farbe) oder mit vielfältigen Symbolen bemalt. Die große Variabilität der Rüstungen dauerte

Rüstung eines Wikinger Heerführers. Dazu gehören ein Helm mit Augenlöchern und einer Ringkapuze sowie eine Lederjacke, befestigt mit Eisenbändern. Nach dem Fund im Grab Nr. 8 in Valsgärd in Uppland, Schweden.

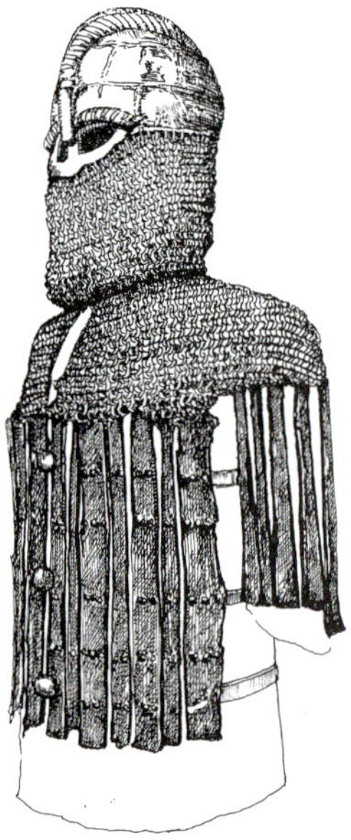

Vorwikingerhelm aus dem 7. Jahrhundert n. Chr. Er ist aus Eisen, die Verzierung aus Bronzeblech mit einem gedruckten Ornament. Das Gesicht des Kriegers wird durch einen Metallbogen um die Augen und ein massives Naseneisen geschützt. Der Helm stammt aus dem Grab Nr. 1 in Vendel, nördlich von Uppsala in Schweden.

auch im 12. Jahrhundert noch an. Nur die Rüstungsjacke wurde im Lauf der Zeit kürzer, da Hosen zur Schutzbekleidung hinzukamen – entweder mit Plättchen oder Schuppen bedeckt oder aus Ringgeflecht gefertigt. Der konische Helm bewahrte sich seine Beliebtheit bis in die zweite Hälfte des 12. Jahrhunderts, als Helme mit halbkugelförmiger Glocke seinen Platz einzunehmen begannen. Sie wurden aus einem oder zwei Stücken Blech geschmiedet und mit einem Wulstrand und einem Eisenstreifen, der durch die Kappe des Helmes von der Stirn bis zum Nacken verlief, versehen. Diese Verstärkungsstreifen waren ebenfalls vergoldet oder versilbert und wurden zum dekorativen Teil des Helmes. Der Schild wurde zunächst nicht wesentlich kleiner, verlor aber die mandelförmige Biegung seiner Oberkante. Im 12. Jahrhundert tauchten die ersten gesteppten oder Ringschabracken auf, die auch das Pferd des Ritters vor einer Verwundung schützten.

Das 13. Jahrhundert wurde zum goldenen Zeitalter des Rittertums. Außer in Kriegen trafen sich die Ritter

Schwerer Kübelhelm aus der zweiten Hälfte des 14. Jahrhunderts.

 immer häufiger bei Turnieren, die zu jener Zeit noch gefährliche Unterhaltungen waren und nicht selten mit dem Tod einer Reihe seiner Teilnehmer endeten. Das Äußere des Kriegers änderte sich radikal und man kann sagen, es wurde Allgemeingut in Europa. Seit dem Ende des 12. Jahrhunderts bestand kein großer Unterschied mehr zwischen einem Ritter aus Frankreich und einem schweren Reiter aus Böhmen oder Österreich. Spezialisierte Handwerker waren in der Lage, genügend Rüstungen von hoher Qualität herzustellen. Die Helmschmiede fertigten die Helme, die Harnischschmiede die Ringhemden und -hosen, die Schildschmiede die Schilde. Die Ringbekleidung setzte sich gegenüber anderen Rüstungsarten durch und wurde

Teil einer Rüstung, hergestellt von den berühmten Mailänder Plattnern. Sie besteht aus Plattenküraß, Helm, Armzeug und Handschuhen. Der Küraß wiegt 2,65 kg und besteht aus mehreren sich überdeckenden Platten, die am Rand verziert sind. Auf der rechten Seite hat er eine Stütze für den Lanzenschaft. Am unteren Rand des Helmes (Hundsgugel) ist ein Ringanhang befestigt. Das Kippvisier ziert ein Bronzesaum mit einem Bibelzitat. Die Rüstung stammt aus den neunziger Jahren des 14. Jahrhunderts und ist heute in der Waffenkammer auf Schloß Churburg zu finden.

zur Grundlage des Schutzes des Ritters. Diesen bedeckte ein bis zur Mitte der Oberschenkel (oder bis zu den Knien) reichendes Ringhemd mit Kapuze und Ärmeln, bestehend aus mehreren zehntausend miteinander verbundenen Ringen. Es wog etwas über 10 kg, war elastisch und behinderte die Bewegung nicht. Ergänzt wurde es durch Ringhosen. Einer Reihe von Kriegern genügte als Kopfschutz eine Ringkapuze, die über eine ausgestopfte Kappe gezogen wurde, andere verwendeten die vorher beschriebenen Helme. Den besten Schutz boten hingegen die schweren Topfhelme, die den ganzen Kopf und das Gesicht des Kämpfers bedeckten. Die Sicht daraus ermöglichten schmale Visiere. Diese im Grunde bereits recht vollkommene Rü-

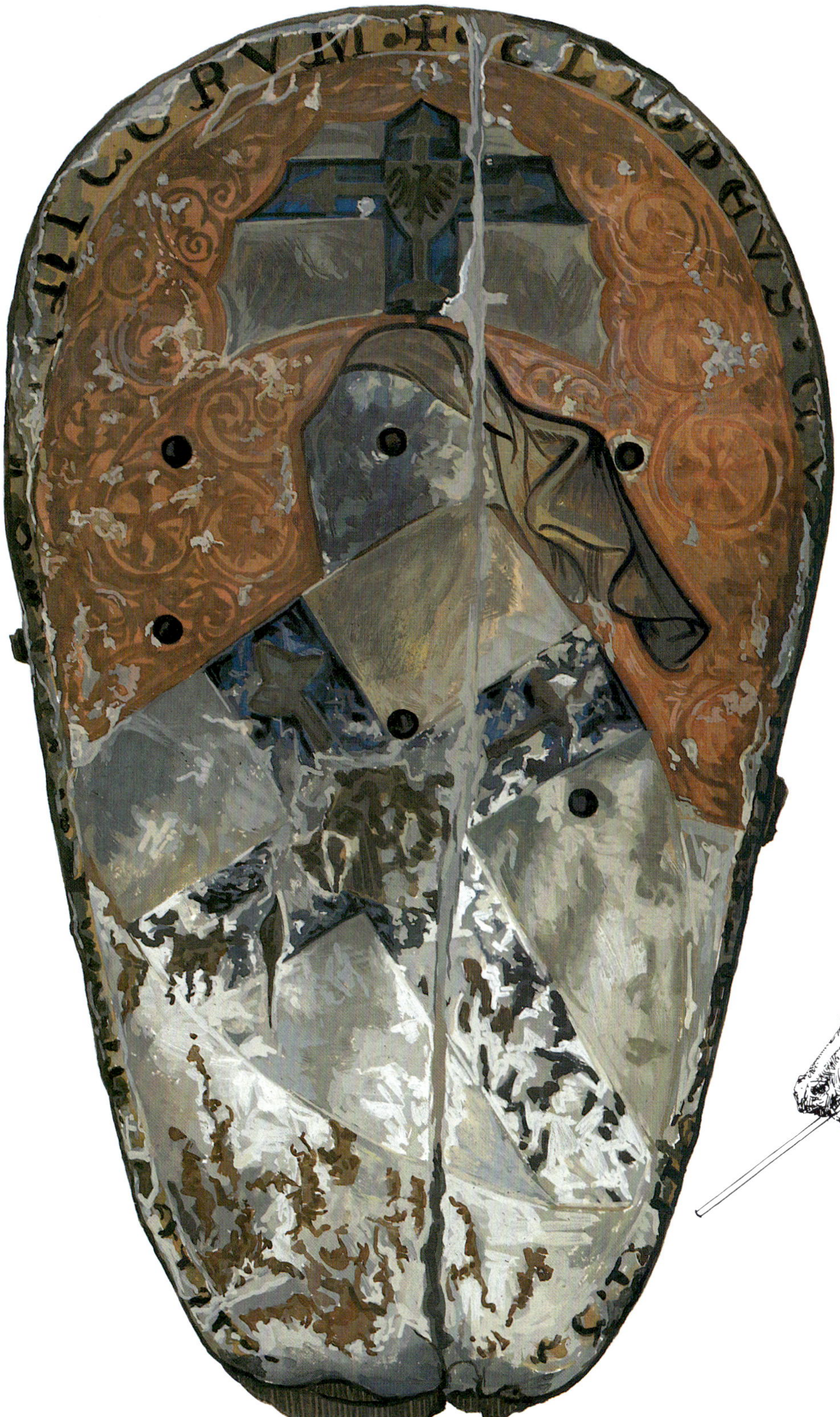

Reiterschild vom Typ einer Pavese, der dem Großmeister des Deutschen Ritterordens, Karl von Trier (um 1300) gehört hat. Die Pavese ist aus Holz gefertigt, sie ist mit dem Wappen des Großmeisters verziert und trägt die Aufschrift „Clippeus cum galea Magistri Ordinis Theutonicorum".

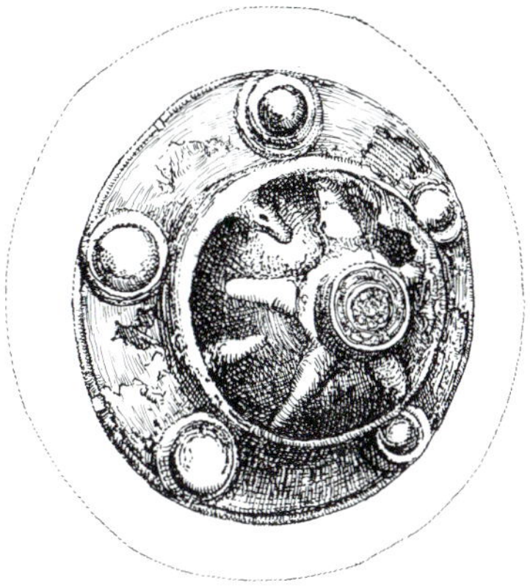

Die Mitte eines runden Wikinger Holzschildes wurde durch eine verzierte Metallnabe (Umbo) verstärkt.

Normannischer Reiter, 11. Jahrhundert. Er hat einen typischen mandelförmigen Schild mit Metallnabe, einen langen Rock mit Kapuze, der mit dicht nebeneinander befestigten Metallplättchen besetzt ist, und einen konischen Helm mit Naseneisen.

Ritter vom Anfang des 14. Jahrhunderts. Er hat einen Helm ohne Visier mit Helmbrünne, auf die er sich während des Kampfes einen schweren Kübelhelm aufsetzte. Seinen Körper schützte ein Ringhemd und eine Hose. Platten verstärkten den Schutz der Unterarme und Knie. Über der Kleidung trug er einen Waffenrock mit heraldischem Zeichen: Typisch vor allem für den französischen Raum sind die länglichen Platten (Ailettes), die die Schultern des Ritters schützten. Zu seiner Ausrüstung gehörte auch der dreieckige Schild.

Pavese für Fußsoldaten mit dem Zeichen der Stadt Prag aus der zweiten Häfte des 15. Jahrhunderts.

stung wurde von einem von der Schulter bis zur Taille reichenden Schild in Form eines Dreieckes ergänzt. Über die Ringrüstung zog der Ritter ein längeres Hemd ohne Ärmel, das sein Zeichen trug oder zumindest in seinen heraldischen Farben gefertigt war. Das Zeichen befand sich auch am Schild und am Helm.

Das Niveau der Metallbearbeitung ermöglichte die Suche nach neuen Möglichkeiten für die Konstruktion der Rüstung, und so tauchten in der Mitte des 13. Jahrhunderts die ersten Plattenelemente auf, die besonders empfindliche Stellen am Körper des Kämpfers schützten, vor allem die Gelenke. Die ersten dieser Platten bildeten den Knieschutz (Kniebuckel). Bald begann man sie durch Vergoldung und Gravuren zu verzieren. Als nächstes wurden längliche oder runde Platten entwickelt, die das Schultergelenk bedeckten. Ende des 13. Jahrhunderts begann man die Schwerter zunehmend auch als Stichwaffe zu verwenden, und gegen den Stich bot die Ringrüstung keinen ausreichend wirksamen Schutz. In einem Versuch, diesen Mangel zu beheben, wurde die Ringrüstung durch Annieten von Eisenstreifen oder länglichen Platten von unten an den Waffenrock des Kriegers verstärkt, um so den Schutz des Körpers zu verdoppeln. Einige dieser verstärkenden Teile der Bekleidung hatten die Form eines Stoff- oder Lederponchos und wurde mit den unten angenieteten Platten über den Kopf gezogen. Das 14. Jahrhundert wurde überhaupt zu einem Jahrhundert der großen Suche. Die Ringrüstung war zwar noch immer sehr populär, doch mehrten sich die Ergänzungen dazu, und sie trat in verschiedenen Kombinationen auf. Sie wurde entweder durch die oben beschriebenen oder ähnlich konstruierte Plattenwesten oder eine sogenannte „weiche Rüstung“ verstärkt, also eine Steppweste. Das war eine ausgestopfte und durch Steppen befestigte Weste oder Jacke. Außer den Knien schütz-

Sogenannter gotischer Harnisch. Der schöne, stilreine Harnisch wurde um 1480 von dem Augsburger Plattner Lorenz. Helmschmied für Erzherzog Sigmund von Tirol (1427–1496) angefertigt. Die einzelnen Teile der Rüstung sind durch Nieten und Lederriemchen verbunden. Der typische Kopfschutz ist ein Helm (Schaller) mit Klappvisier, ergänzt durch einen Stahlkinnschutz (hier fehlt der Kinnschutz). Eine konstruktive Besonderheit ist der Oberschenkelschutz (Diechling). Statt der Schenkeltaschen (Schöße) sind hier die Metallhosen mit sich überlappenden Platten bis zu den Hüften verlängert.

Armet. Der erste Typ eines geschlossenen Helmes von Plattenvollrüstungen. Er hat ein bewegliches Visier, einen mit Lederriemen befestigten Kinnschutz und noch den Rest einer Helmbrünne zum Schutz von Hals und Schultern. Dieser Armet wurde um 1495 in der Werkstatt der berühmten Mailänder Plattner Gabriel und Francesco Morate angefertigt.

ten Platten mitunter auch die Ellbogen, und lederne, stahlbewehrte oder mit Nieten befestigte Platten bedeckten Unterarme, Arme, Ober- und Unterschenkel. Allmählich wurden sie durch ähnlich geformte Metallplatten ersetzt. Auch die Eisenlamellen in den Plattenwesten wurden größer. Schon in der zweiten Hälfte des 14. Jahrhunderts gab es große Platten, die die ganze Brust und den Rücken bedeckten. Die Entwicklung, die hundert Jahre lang auf den Plattenharnisch hinzielte, erreichte jetzt ihren Höhepunkt.

Mit der Herstellung von Rüstungen beschäftigten sich im 14. Jahrhundert schon viele spezialisierte Handwerke. In Europa kristallisierten sich Gebiete heraus, die durch ihre Waffenproduktion berühmt waren und deren Erzeugnisse nicht selten auch den Markt ferner Länder versorgten. Angesehen waren die Werkstätten der Rüstungsbauer in Norditalien, vor allem in Mailand. Erfolgreich entwickelte sich die Waffenschmiedekunst auch in Deutschland. Vor allem die Plattner wurden nach und nach zu einem reichen und begehrten Handwerkerstand. Eine anspruchsvolle Arbeit erwartete auch die Helmschmiede, war doch das Sortiment sehr angewachsen. Die topfartigen Helme verschwanden und wurden von schwereren hohen Kübelhelmen abgelöst, die auf den Schultern aufsaßen, wo sie mit Ketten oder Lederriemen befestigt wurden. Sie schützten den Kopf zwar vollkommen, doch verdeckten sie die Sicht und waren schwer und unbequem. Daher legten die Ritter sie oft beiseite und begnügten sich mit anderen Helmtypen. Die Kübelhelme wurden in der Folge nur bei Turnieren verwendet und wurden so zu einer der Urformen in der Entwicklung der spezialisierten Turnierhelme. Der Kämpfer trug in der Schlacht einen anatomisch besser geformten, aus einem Stück Blech getriebenen Helm, eine Beckenhaube (bascinet, bassinet). An ihrem unteren Rand wurde eine Helmbrünne befestigt, die auf Schultern, Brust und Rücken des Soldaten herabfiel und so seinen Schutz verdoppelte. Dieser Helm hatte meist kein Naseneisen. Das tauchte aber zuweilen in Mundhöhe an der Helmbrünnne befestigt auf und konnte mit seinem oberen Ende am Vorsprung im Stirnteil des Helmes befestigt werden. Dieser Helmtyp eignete sich gut zu einem weiteren Experiment. Man begann Klappgitter oder Blechvisiere daran zu befestigen. Der Ritter hatte so, ohne sich den schweren Kübelhelm aufsetzen zu müssen, ein sehr gut geschütztes Gesicht. Das Visier erhielt in der zweiten Hälfte des 14. Jahrhun-

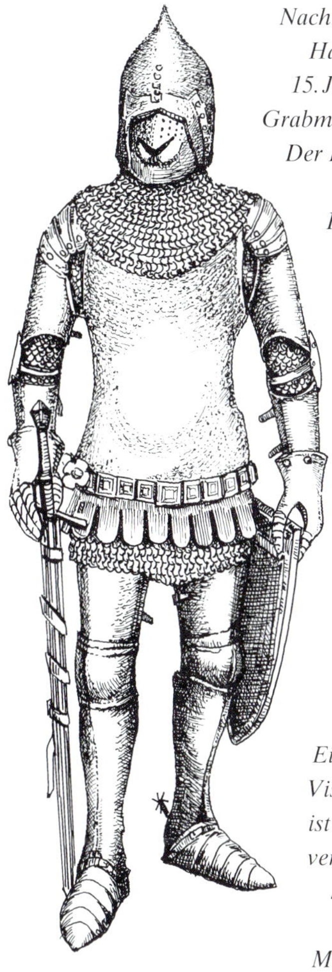

Nachbildung eines Ritters im Harnisch vom Beginn des 15. Jahrhunderts (nach dem Grabmal Rudolfs von Baden). Der Ritter trägt bereits einen kompletten Plattenharnisch, den ein Helm mit Hunde-Visier und ein kleiner Schild vervollständigen.

Eisenschaller mit festem Visier. Am unteren Rand ist er mit Messingstreifen verziert. Er wurde in den siebziger Jahren des 15. Jahrhunderts in Mitteleuropa hergestellt.

Der reich verzierte Barbuta vom Ende des 15. Jahrhunderts stammt aus Mailand. Heute befindet er sich in den Sammlungen des Schlosses Konopište in der Tschechischen Republik.

derts in überwiegendem Maß die pittoreske Form einer verlängerten Hundeschnauze. So entstand Ende des 14. und Anfang des 15. Jahrhunderts die sogenannte Hundsgugel. Die Variante, bei der der Ringanhang den Metallkragen ablöste, der auf den Schultern aufsaß und mit einer massiven Platte auch das Kinn schützte, nannte man große Beckenhaube. Die großen Platten der Rüstung hatten damals meist noch keine besonders ausgefeilte Oberflächenbehandlung, daher zog der Ritter über die Rüstung eine Obertunika aus teuren Stoffen (coat-armour, jupon, Lentner). Der Ritterschild erhielt im Lauf des 14. Jahrhunderts andere Formen und, was wichtig ist, vor allem eine Einkerbung, in die der Reiter während des Angriffs seine schwere Lanze legte. Damit wurde ihr Gewicht erleichtert und man konnte besser damit zielen. Die Lanze konnte sich bald noch auf einen entweder festen oder kippbaren Stahlhaken für den Lanzenschaft, den Rüsthaken stützen, der an dem Brustblech der Rüstung (des Harnisches) befestigt war. In den zwanziger Jahren des 15. Jahrhunderts waren Vollplattenrüstungen mit einigen Ringergänzungen schon ganz normal. Es begann eine Zeit der höchsten Blüte für das Plattnerhandwerk.

Schon Ende des 13. Jahrhunderts galt Mailand als bedeutendstes Zentrum der Waffenherstellung in Europa. Ernsthafte Konkurrenten wuchsen in Deutschland heran, vor allem in Nürnberg. Auch in Augsburg und Landshut begannen im 15. Jahrhundert die Waffenschmiedezünfte zu erstarken. Man kann sagen, daß beide Zentren der Waffenherstellung, das italienische und das deutsche, von erstrangiger Bedeutung waren. Weitere in anderen Ländern knüpften meist nur an diese beiden an oder kopierten ihre Muster. So entwikkelte sich zum Beispiel auch die Waffenherstellung in Paris, Tours und Lyon, in London und im spanischen Burgos. Das bezieht sich auf die Spitzenerzeugnisse. Die üblichen Erzeugnisse wurden natürlich auch von den nichtspezialisierten Landschmieden gemeistert. Die häufigen und kostspieligen Kriege und Wettkämpfe brachten einen Hunger nach Waffen und Rüstungen mit sich, und so erblühte das Handwerk der Harnischbauer, der Plattner und Helmschmiede. Die produzierte Menge war anscheinend gewaltig. Bei einem drohenden Überfall auf Böhmen zum Beispiel ließ Kaiser Karl IV. (1316–1378) in den sechziger Jahren des 14. Jahrhunderts die Waffenarsenale der königlichen böhmischen Städte mit Schutzwaffen für die Verteidiger ausstatten. Die Zahl dieser Ausrüstungen war ansehnlich. Auch relativ kleine Städte (um 1000 Einwohner) bezogen von dieser Zuwendung Karls IV. je 100, größere Städte um 400. Dabei ist zu bedenken, daß die städtischen Waffenarsenale nur die ärmeren Stadtbewohner ausrüsteten, die reichen hatten, wie zeitgenössische Quellen belegen, ihre eigenen und zwar ziemlich gefüllten Waffenlager. Diese Ausrüstung dürfte, in Anbetracht der kleinen Zahl belegter Handwerker, nicht böhmischen Ursprungs gewesen sein und war vermutlich aus Deutschland importiert worden. Das war in jener Zeit völlig normal. Englische Adlige bestellten sich im 14. Jahrhundert ihre Harnische allgemein in Italien, ebenso die französischen Ritter.

Die italienischen Meister fuhren auch ins Ausland, um dort zu arbeiten. Einer von ihnen ist im 15. Jahrhundert urkundlich belegt in der französischen Stadt Tours, doch waren die Italiener auch in Lyon und Bordeaux tätig. Schon Ende des 15. Jahrhunderts nahm Kaiser Maximilian I.(1459–1519) italienische Waffenschmiede in seine Dienste, die für ihn in Arbois in Burgund 50 komplette Rüstungen anfertigen sollten. Die Handwerksgrundlage in Italien mußte gewaltig sein. Im 15. Jahrhundert sind allein in Mailand 200 Waffenschmiedemeister belegt. Die bekanntesten gehörten zur Familie Missaglio. Im 15. Jahrhundert blühte das Plattnerhandwerk außer in Nürnberg auch in Augsburg, Landshut und im Tiroler Innsbruck. Damals war

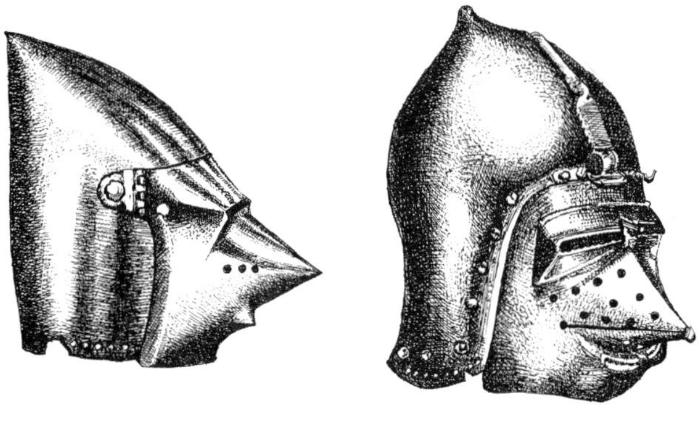

Zwei der meistbenutzten Helmtypen am Ende des 14. und Anfang des 15. Jahrhunderts, die sogenannte Beckenhaube (Basinet) und die Hundsgugel (nach der Form des Visiers)
a) *norditalienischer Helm von 1400,*
b) *deutscher Helm von 1400–1420.*

Torso eines Turnierharnisches aus poliertem Stahl, um 1500 in Oberitalien hergestellt.

Obere Hälfte eines Feldharnisches aus poliertem Stahl mit einem geschlossenen Burgunderhelm. Er wurde im zweiten Jahrzehnt des 16. Jahrhunderts in Deutschland hergestellt.

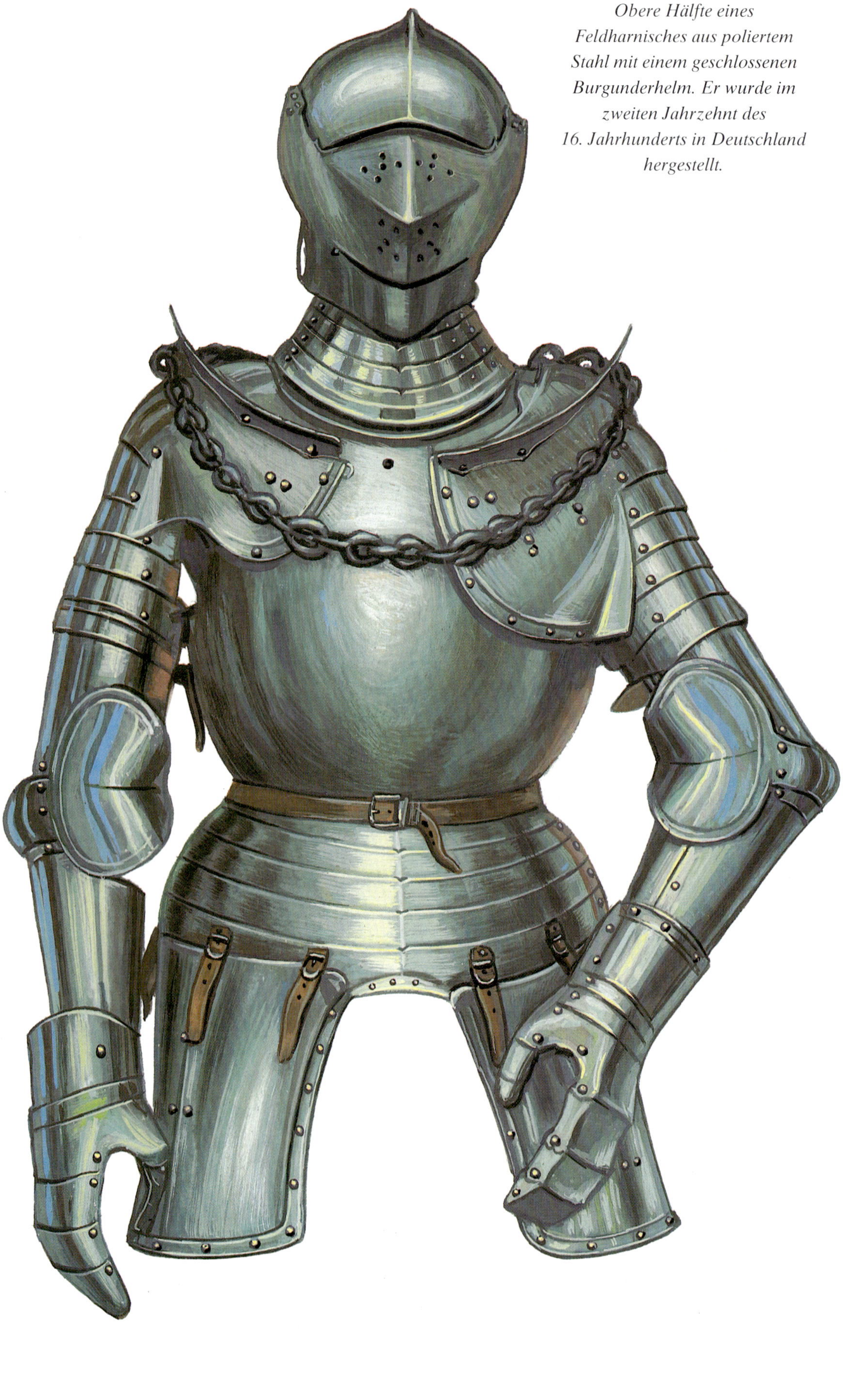

Deutscher Turnierharnisch zum Stechen, 1500 von dem Plattner Konrad Poler in Nürnberg angefertigt.

Kinderrüstung des Königs Ludwig II. von Ungarn (1506–1526), ein Erzeugnis Nürnberger Plattner vom Beginn des 16. Jahrhunderts. Die Rüstung ist versilbert und vergoldet. Sie ist mit der Imitation des Schnurenmusters verziert.

Landsknechtsküraß mit dreiteiligen Schößen zum Schutz der Oberschenkel. Die Platten sind reich ziseliert, wie es bei der sogenannten maximilianischen Rüstung üblich war. Der Küraß stammt aus dem ersten Viertel des 16. Jahrhunderts.

Die schwere Ritterreiterei hatte um die Wende vom 15. zum 16. Jahrhundert endgültig ihre Bedeutung verloren. Die Herrscher bemühten sich zwar, sie zu reorganisieren, zu modernisieren und weiter einzusetzen, doch gewann sie ihre Vormachtstellung auf dem Schlachtfeld nie wieder zurück. Die Feuerwaffen und die neue fortschrittliche Taktik der Söldnerinfanterie führten dazu, daß die Rittertruppen in den Schlachten immer häufiger verloren. Ein klassisches Beispiel ist die Schlacht bei Novara von 1513, als die Schweizer Infanterie ohne größere Probleme die französischen Ritter auseinandertrieb. Die Ritter wurden in die Rolle von Zielscheiben gedrängt, da auch ihre teure Rüstung sie nicht vor den Feuerwaffen zu schützen vermochte. Dadurch lösten sich gewissermaßen die

Sogenannter Trabantenharnisch aus der zweiten Hälfte des 16. Jahrhunderts.

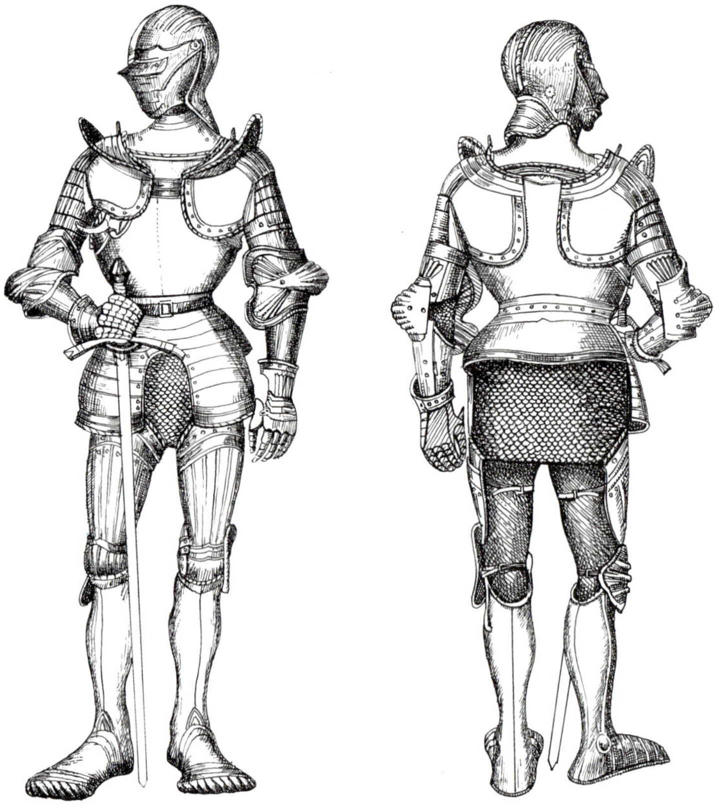

Vollplattenharnisch, nach der Überliefung vom Anfang des 16. Jahrhunderts. Um diese Zeit waren die Plattenharnische schon voll entwickelt, sowohl in technischer Hinsicht als auch in der Zusammenstellung ihrer Teile: Helm, Nackenschutz (Kragen), Küraß (Brust- und Rückenblech), Metallgürtel, Streifenrock (Schurz), am Schurz befestigte Schenkeltaschen (Schößchen). Der Armschutz bestand aus Schulterstücken, Metallärmeln, Ellbogenschutz (sogenannte Armkacheln), Unterarmschutz (Schienen) und Metallhandschuhen. Die Beine wurden mit Oberschenkelplatten, Kniebuckel, Wadenplatten und Metallschuhen geschützt.

Reich verzierter Fußturnierharnisch. Er gehört zu den zwölf Harnischen, die der Augsburger Plattner Anton Peffenhauser 1591 für die Kurfürstin Sofia anfertigte. Er wiegt 18,4 kg.

Harnisch für einen Fußsoldaten. Die Oberfläche wird durch ein sogenanntes Diamantenmuster verziert und zugleich befestigt. Erste Hälfte des 16. Jahrhunderts.

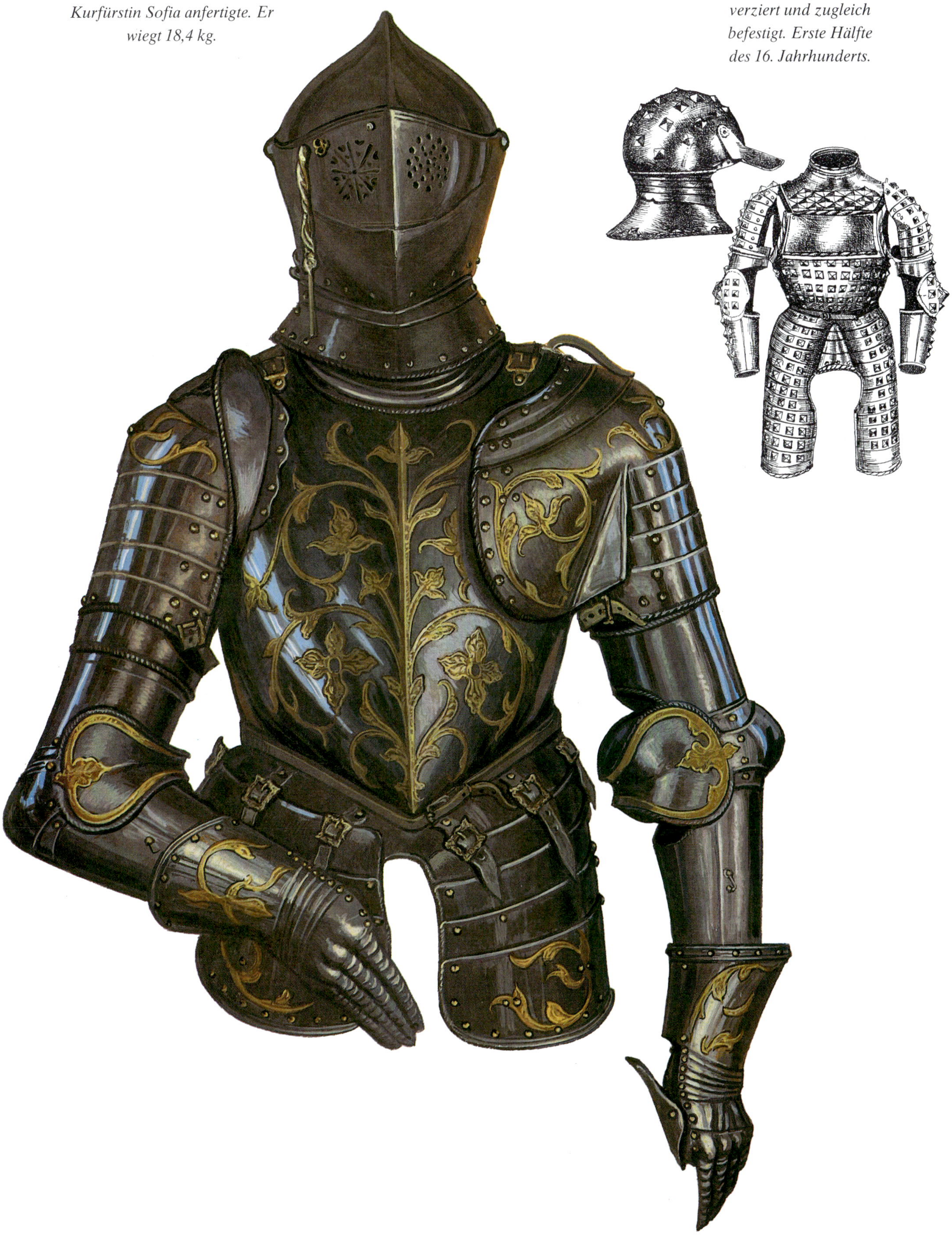

Beziehungen zwischen der funktionellen und der repräsentativen Aufgabe der Rüstung. Diese wurde vor allem zu einer Prestigeangelegenheit, durch sie demonstrierte ihr Besitzer seinen Reichtum und seine gesellschaftliche Stellung. Es wurde eine ganz große Kategorie von Prunkharnischen geschaffen, bei denen es meist gar nicht mehr um den Schutz des Trägers der Rüstung ging. Diese wurde vielmehr zur Kleidung des Adligen für festliche Anlässe.

Auch die für den Kampf bestimmten Feldharnische konnten sich den Veränderungen nicht entziehen. In den fünfziger Jahren des 16. Jahrhunderts endete die Entwicklung der Schutzwaffen hinsichtlich der Zahl und Gestaltung ihrer Teile. Die einzelnen Komponenten wurden kleiner, angemessener und dabei handwerklich vollkommen bearbeitet. Der Adel übertrug sein Bestreben, seine Geschicklichkeit und Tapferkeit unter Beweis zu stellen, von den Schlachtfeldern endgültig auf die Turnierplätze, und so kam es in einer Zeit, als die Ritterreiterei allmählich von den Kampfplätzen verschwand, in einigen Ländern zu einer Art Renaissance des Turnierwesens. Die vorher funktionsgerechte Vorbereitung auf den Kampf wurde nun von einem teuren, auf den Effekt bedachten Theater abge-

Italienischer Küraß von 1570. Eine technisch vollendete Arbeit, die Modetrends der zweiten Hälfte des 16. Jahrhunderts berücksichtigt. Der Küraß ist reich verziert durch Gravierung und Vergoldung.

Paradeharnisch, der 1604 von dem in Münster lebenden Plattner Heinrich Knopf gefertigt wurde. Gekauft wurde er für 725 Gulden von Herzog Johann Georg. Der Harnisch wiegt 25,5 kg und weist die typischen Merkmale einer flämisch-französischen Plattnerarbeit auf.

löst, das ein Bestandteil aller festlichen Gelegenheiten im Leben des Adels war. Es entstanden neue Turniersdisziplinen voll von raffinierten Effekten, und dem wurde auch der Turnierharnisch angepaßt. Die Tendenz zu einer weitgehenden Ausschaltung der Verwundungsgefahr bestand weiter. So wuchs mit der Zahl der Disziplinen die Zahl der Rüstungstypen. In manchen Ländern wurde dieses Problem anders und besser gelöst. Mit verschiedenen Riemen, Schrauben, Spangen usw. war es möglich, durch Auswechselung oder Ergänzung einer Reihe von Platten die Rüstung so umzugestalten, daß sie sowohl für den Kampf als auch für eine beliebige Turniersdisziplin dienen konnte. Aber auch solche Änderungen bedeuteten nicht, daß die Turniere zu einer einfachen Sportdisziplin ohne jegliches Risiko wurden. Noch in der zweiten Hälfte des 16. Jahrhunderts wurde der französische König Heinrich II. (1519–1559) während eines Turniers tödlich verletzt, und die Zahl der Unfälle war nicht unerheblich.

Die Rüstungen wurden im 16. Jahrhundert mehr denn je zu wirklichen Kunstwerken. Die Plattner lösten komplizierte technische Probleme und verstanden es, eine breite Skala von neuen dekorativen Verfahren anzuwenden. Der Zeitgeist spiegelte sich so auf eine fast revolutionäre Weise in den Rüstungen wider. Sie

Morion aus der Ausrüstung der Leibgarde der Dresdner Kurfürsten Christian I. (1586–1591) und II. (1591–1611). Der Helm ist mit dem Fertigungszeichen der Nürnberger Waffenwerkstätten versehen.

begannen auch zum Gegenstand des Sammlerinteresses zu werden. Die Entstehung einiger bis heute berühmter Sammlungen von Prunkharnischen und Waffen geht bis ins 16. Jahrhundert zurück.

Die Zeit war mehr als günstig für die Entstehung von künstlerisch vollkommenen Harnischen. Es kam zu einer wertvollen Symbiose von Handwerk und Kunst, und es war nichts Ungewöhnliches, wenn künstlerische Entwürfe für Plattnermeister von damaligen führenden Künstlern angefertigt wurden.So malte zum Beispiel Albrecht Dürer persönlich die Entwürfe für Kaiser Maximilian I. Mit Rüstungen befaßten sich auch Lucas Cranach, die Gebrüder Beham, die Schweizer Urs Graf und Niklaus Manuel Deutsch, der Franzose Etienne Delaune, der Antwerpener Goldschmied Eliseus Libaerts und viele andere. Um die berühmten Plattnermeister entstanden ganze Plattnerschulen. Die berühmtesten von ihnen waren in Deutschland, Tirol und Italien angesiedelt, und die vollendeten Erzeugnisse dieser Werkstätten wanderten an die Herrscher- und Fürstenhöfe ganz Europas.

In Deutschland blieb es bei der Vorrangstellung der Plattnerwerkstätten in Nürnberg, Landshut und Augsburg. Dort wirkten Meister wie Martin Oham, Martin Schneider, Anton Peffenhauser oder Kolman und Desiderius Helmschmied. In Innsbruck etablierte sich mit

Schild, mit vergoldetem Leder bezogen. Er wurde in der ersten Hälfte des 16. Jahrhunderts in Venedig hergestellt.

vielen Spitzenerzeugnissen die Plattnerfamilie Seusenhofer. In Italien blieb Mailand die Metropole der Plattnerei. Spitzenrüstungsgarnituren erzeugte hier die Werkstatt der Familie Negrolio, und einer der berühmtesten Meister von Mailand war Lucio Piccinino. In Frankreich arbeiteten zu jener Zeit Werkstätten, die vor allem aus italienischen Vorbildern schöpften. Die Plattnermeister in Fontainebleu stellten viele komplette Rüstungen für französische Könige aus dem Geschlecht der Valois her, von denen wir bis heute eine Reihe im Musée de l'Armée in Paris bewundern können. In England wurde Ende des 16. Jahrhunderts die Plattnerproduktion in Greenwich berühmt.

Im Lauf des 16. Jahrhunderts änderte sich der Schnitt der Harnische sowie ihre Verzierung. In den dreißiger Jahren verschwanden die kannelierten Harnische endgültig und auch die Exzentrizitäten nahmen ab, wie die Metallklappen in der Form eines steifen Geschlechtsteiles. Ein weiterer Auswuchs war die Gestaltung des Vorderblechs der Rüstung, das in der Mittelkante mitunter einen bizarren Vorsprung hatte, den sogenannten Tapul. Man hörte auf, antikisierende Rüstungen im „römischen Stil“ zu produzieren. Seit den sechziger Jahren des 16. Jahrhunderts war für die Brustbleche die Anpassung an die damalige spanische Mode typisch. Sie sahen wie eine Jacke (Überrock) der zivilen

Reich verzierte, vergoldete Sturmhaube, 1589 in Augsburg hergestellt.

61 *Prunkhalbharnisch, gefertigt aus vergoldetem Kupfer. Er gehört zu einer Gruppe von drei Harnischen, die der Kurfürst Christian I. und die Fürsten Christian von Anhalt-Bernburg und Johann Georg von Anhalt-Dessau für Feierlichkeiten, die 1590 in Dresden stattfanden, in Auftrag gaben.*

62

Halbes Pferdestirnband. Es ist ein auswechselbares Teil der Pferderüstung. Das Stirnband ist emailliert und mit dem sächsischen Wappen verziert. Hergestellt wurde es von dem Plattner Peffenhauser in den neunziger Jahren des 16. Jahrhunderts.

Prunkharnisch für Mann und Roß, bekannt unter dem Namen Herkulesrüstung, 1562-1563 in Antwerpen angefertigt. Die Rüstung ist reich dekoriert mit Reliefs aus Schmetterlingen, Vögeln, Greifvögeln, Sphinxen, Waffen, Schlangen, Delphinen und Maskaronen. In ovalen Medaillons sind Szenen aus der Bibel und der antiken Mythologie dargestellt, darunter 14 Medaillons mit Geschichten über Herkules. Bestellt wurde sie vom schwedischen König Erik XIV. (1533–1577).

Der Plattner, der sie schmiedete, ist nicht überliefert. Die Entwürfe und künstlerischen Vorlagen stammen von Etienne Delaune und dem Goldschmied E. Libaerts.

Prunkharnisch vom Ende des 16. Jahrhunderts, hergestellt aus poliertem Stahl in Flandern. Zur Garnitur dieser Rüstung gehörte noch ein schwerer Helm und ein Pferdestirnpanzer.

Adelsbekleidung aus. Von der Seite war an ihnen eine Art Vorsprung in der Taille, der sogenannte Gänsebauch zu sehen. Ein Teil der Rüstungen bewahrte sich diese Form des Vorderblechs noch bis in das beginnende 17. Jahrhundert hinein.

Die Technik der Verzierung wurde ungewöhnlich raffiniert und vollkommen. Sie war vielgestaltig wie noch nie zuvor. Man verwendete unterschiedliche Materialien, außer Eisen und Stahl auch Kupfer, Bronze und Silber. Die Platten der Rüstungen konnte eine plastische Dekoration bedecken, sie waren emailliert, mit Niello, Tauschierung, mit gravierten und geätzten Streifen verziert. Lichteffekte wurden durch den Kontrast der Materialien erzielt, zum Beispiel vergoldete

Bruststück eines reich verzierten italienischen Renaissanceharnisches.

oder silberne Ornamente, die deutlich auf den dunklen Platten (oder umgekehrt) hervortraten. Auch die Thermalbehandlung der Rüstungsbleche, durch die das Blech die gewünschte beständige Färbung annahm, verbreitete sich. In der plastischen Verzierung wurden Motive aus der antiken Mythologie beliebt, vor allem berühmte Recken wie Herkules, oder biblische Helden wie Samson und David. Die italienische Plattnerschule hielt große Stücke auf anthropomorphe Masken, in Deutschland waren groteske Masken populär. Ein winziges künstlerisches Element war der Niet, dessen Kopf die Form einer Rosette hatte oder plastisch gestaltet war, und auf der Plattenfläche leuchten konnte, weil er aus einem anderen Material gefertigt war, zum Beispiel aus Bronze, vergoldet oder versilbert. In europäischen Rüstungssammlungen finden wir eine Fülle von Meisterwerken aus jener Zeit. Einige Rüstungsteile wurden auch einzeln gefertigt. Zum Beispiel Helme, besonders die sogenannten Sturmhauben, ahmten oft antike Muster nach. Schilde wurden bereits im 16. Jahrhundert von der ritterlichen Reiterei praktisch nicht mehr benutzt und dennoch weiter

Dreiviertelharnisch aus der zweiten Hälfte des 16. Jahrhunderts, hergestellt in Innsbruck.

hergestellt, und wir begegnen ihnen relativ häufig. Meist handelte es sich um runde, antikisierende Schilde mit einer plastischen Verzierung oder um leinenbezogene und bemalte Schilde. Manche waren auch mit vergoldetem Leder, das mit Ornamenten verziert war, bezogen.

Im 17. Jahrhundert war der Plattenharnisch der Ritter allmählich kein begehrter Artikel mehr. In den damaligen Armeen gab es bereits eine neue Gattung der Reiterei, die Söldnertruppen der regulären Reiterei eines neuen Typs, die je nach ihrer Aufgabe im Kampf in eine schwere und eine leichte eingeteilt wurde. Der Adel begnügte sich meist mit Offiziersstellen in diesen Einheiten und paßte dieser Funktion natürlich auch Ausrüstung und Ausstattung an. Es blieb zwar noch Raum für Einzelanfertigungen verzierter Harnische für höhere Offiziere, aber ihr Schnitt glich sich bereits der Ausrüstung derjenigen Kavalleriegattung an, bei der der Träger eines solchen Harnisches diente. Bis zum Beginn des 18. Jahrhunderts überlebten an verschiedenen Höfen noch die Turnierspiele, denen schon fast jedes Merkmal eines Kampfes fehlte und die ein mehr oder weniger kostspielig arrangiertes Schauspiel waren, bei dem die Adligen in stilisierten Phantasie-

Geschlossener Turnierhelm mit maskenartigem Visier. Er stammt vom Ende des 17. Jahrhunderts, der Zeit des Niederganges der Turniere. Dem entsprechen das groteske Aussehen und das verwendete Material (Bronze).

Der Harnisch Georg Cliffords, des Earl of Cumberland. Er gehört zu den Erzeugnissen der berühmten Greenwicher Schule aus dem dritten Viertel des 16. Jahrhunderts.

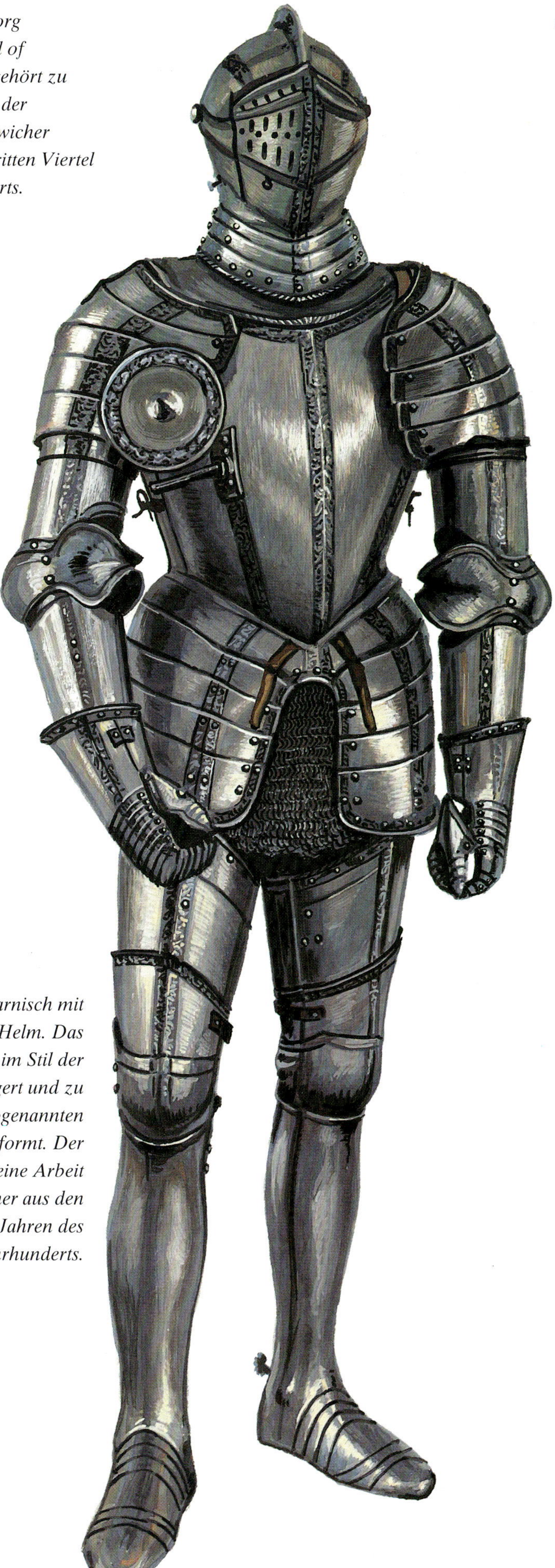

Feldharnisch mit geschlossenem Helm. Das Vorderblech ist im Stil der Zeit verlängert und zu einem sogenannten Gänsebauch geformt. Der Harnisch ist eine Arbeit deutscher Plattner aus den siebziger Jahren des 16. Jahrhunderts.

Reich verzierter Prunkharnisch mit geradem Lanzenschafthaken, 1550 von dem Waffenschmied Wilhelm von Worms in Augsburg gefertigt.

Vergoldeter und emaillierter Morion, der mit einem gleich verzierten Schild zu einer Garnitur (en suite) gehörte. Von französischen Waffenschmieden für König Karl IX. (1550–1574) gefertigt.

kostümen und Harnischen auftraten. Bei diesen Turnieren kämpften die Reiter meist nicht gegeneinander, sondern versuchten zum Beispiel, im Galopp einen auf einen Stock gespießten Türkenkopf aus Papier mit der Lanze zu stechen oder einen hochgehängten Metallring herunterzureißen.

Auch die neue Reiterei kam nicht ohne bestimmte Elemente des passiven Schutzes des Einzelnen aus. Der Harnisch schützte noch immer zufriedenstellend vor Hieb- und Stichwunden. Es mußten nur die überflüssigen Platten abgelegt und die Rüstung auf das notwendige Minimum reduziert werden. Dazu gehörte der Morion oder einer der Sturmhaubentypen, der Küraß oder Brustharnisch (das heißt Brust- und Rückenblech), der Schurz und knielange (oder kürzere) Beintaschen. Von den Knien abwärts schützten den Reiter nur hohe Reiterschuhe. Die Arme konnten von mehreren, einander überlappenden Plättchen bedeckt sein, die von der Schulter bis zum Ellbogen reichten, eventuell wurden auch Ringhandschuhe getragen. Im 17. Jahrhundert wurden Teile der Schutzwaffen nur noch von einigen Gattungen der Reiterei benutzt. Das waren vor allem die Kürassiere. Zu einer typischen Kürassierrüstung der ersten Hälfte des 17. Jahrhunderts gehörte ein geschlossener Mantelhelm mit Augenschirm und Schiebevisier. Dieses Visier war entweder voll, mit Augenschlitzen und Luftlöchern versehen (wie bei den früheren Ritterhelmen) oder nur gitterförmig. Den Halsschutz sicherte ein Kragen, der unter dem Küraß getragen wurde. Die Arme wurden über

Helm für Turniere im Stechen, angefertigt für Kaiser Maximilian II. (1527–1576) von sächsischen Waffenschmieden, um 1560.

Harnisch des englischen Königs Heinrich VIII. (1491–1547), hergestellt in den vierziger Jahren des 16. Jahrhunderts, wahrscheinlich von französischen Plattnern.

die ganze Länge und an ihrer Außenseite von Platten geschützt, die Hände bedeckten Metallhandschuhe. Von der Taille bis zu den Knien des Reiters reichten breite Schöße, die aus einer großen Zahl einander überlappender, mit Nieten verzierter Plättchen bestanden. Im mitteleuropäischen Raum wurden diese Rüstungen oft geschwärzt. Zahlreiche Nieten mit vergoldeten oder Messingköpfen bildeten die Verzierung an den Offiziersrüstungen. Ein typisches Merkmal war der völlig neuartige Schnitt der Rüstung. Das Vorderblech verlor seine ausgeprägte Mittelkante, es war viel kürzer und erweckte den Eindruck, als habe der Träger einen kurzen Rumpf und breite Hosen. Dieser Schnitt imitierte die Zivilkleidung, die damals getragen wurde. Allmählich verschwanden aus der Ausrüstung der Kürassiere auch diese verschlossenen Mantelhelme, die durch leichtere Sturmhauben, sogenannte Pappenheimer, ersetzt wurden. Es handelte sich um eine vom Orient beeinflußte Helmart. Er hatte eine gerundete oder leicht konische Glocke, die in der Höhe der Ohren

Geschlossener Helm, Burgunder (mit Führungsleiste am unteren Rand), der zur Turniergarnitur des französischen Königs Franz I. (1494–1547) gehörte. Er entstand in der Werkstatt des Innsbrucker Meisters Jorg Seusenhofer (1539–1540). Seine Verzierung stammt aus der Werkstatt von Degen Pirger.

in einer geraden Kante endete. An den Seiten schützten den Kopf beweglich angehängte Ohrenklappen, die unter dem Kinn verbunden wurden. Der Helm bewahrte sich den typischen Augenschirm, durch den ein verschiebbares Naseneisen hindurchging.

Wie bereits erwähnt, fiel im 16. Jahrhundert der Infanterie die Hauptaufgabe in den Schlachten zu. Auch die Fußsoldaten gaben anfangs den Schutz nicht ganz auf, den ihnen die Rüstung bot. Es war eine modifizierte und reduzierte Rüstung für den Fußkampf, bei der darauf geachtet wurde, daß die für den Kampf notwendige Bewegungsfreiheit nicht eingeschränkt wurde. Die Landsknechte zum Beispiel trugen ein vorderes und mitunter auch ein hinteres Rüstungsblech und längere Schöße, die die Schenkel oberhalb der Knie schützten. Die in den ersten Linien oder an exponierten Stellen der Kampfaufstellung stehenden Soldaten zogen mitunter noch einen vollständigen Plattenschutz über die Hände. Zur normalen Ausstattung des Fußvolkes gehörten die Helme. Es handelte sich entwe-

Offene Sturmhaube mit Mittelkamm, Augenschirm und beweglichen Ohrenklappen. Sie gehört zur Feldausrüstung des Herzogs Johann Wilhelm von Weimar. Gefertigt wurde sie wahrscheinlich von dem Landshuter Waffenschmied Sigmund Wolf im Jahr 1560.

Vereinheitlichung der Truppengattungen und dem Übergang zu Söldnerarmeen ging allmählich auch die Blütezeit des Plattnerhandwerks zu Ende. Für zahlreiche Kompanien der Söldnerarmeen wurden Rüstungen einfacherer Formen von Manufakturen hergestellt, die genügend Ausrüstungsmaterial zu annehmbaren Preisen liefern konnten.
Die Veränderungen im Kriegswesen trugen auf diese Weise dazu bei, daß die Schutzwaffen an Bedeutung verloren.

Birnenförmige, reich geschmückte Sturmhaube mit schmaler Krempe, hergestellt am Ende des 16. Jahrhunderts in Norditalien.

Sturmhaube, Küraß, Unterarmzeug und Lederjacke. Es handelt sich um eine typische englische Kürassierausrüstung aus der zweiten Hälfte des 17. Jahrhunderts. Diese Garnitur gehörte König Jakob II.

Kürassier
aus dem 17. Jahrhundert
im Vollharnisch, detailgetreue
Miniatur.

Geschwärzter Kürassierharnisch des Grafen Sporck, zweite Hälfte des 17. Jahrhunderts.

Offene,
antikisierende Sturmhaube,
hergestellt in Augsburg
vor 1603.

Adlerhelm, aus vergoldetem Kupfer gefertigt und mit farbigem Glas verziert. Er bildete eine Garnitur mit einem ähnlich geschmückten Faustschild. 1709 wurde er bei dem sogenannten Ringturnier des dänischen Königs Friedrich IV. (1671–1730) benutzt.

Offene Sturmhaube, der sogenannte Pappenheimer aus der zweiten Hälfte des 17. Jahrhunderts. Die Oberfläche des Helmes ist geschwärzt und mit Goldresten graviert. Die Sturmhaube hat einen beweglichen dreiteiligen Nackenschutz und ausgeschnittene Ohrenklappen mit Ohrsternen.

Sturmhaube aus Leder,
Italien, Ende des
16. Jahrhunderts.

ZWISCHEN EUROPA UND DEM ORIENT

Kopf erschreckte seinen Gegner schon durch sein Aussehen. Hinzu kam, daß die Flügel während des Reitens einen eigenartigen Ton von sich gaben, der die Pferde der Feinde scheuen ließ, und die Leisten, die sich in einem gewaltigen Bogen über dem Kopf des Reiters wölbten, verhinderten, daß dieser im Tatarenlasso gefangen wurde. Der gesamte Husarenharnisch schützte gut vor den Wirkungen der Hieb- und Stichwaffen und war zudem nicht schwer. Er wog rund 15 kg, die Flügel etwa 0,5 kg.

Man möchte meinen, daß man im 17. Jahrhundert, als die Feuerwaffen die Zweckmäßigkeit der Schutzwaffen in Frage stellten, vor allem auf die Effektivität ihrer Verwendung geachtet hätte. Sie hätten leichter werden und nur an den am meisten gefährdeten Körperteilen vor der Verwundung durch Hieb- und Stichwaffen schützen sollen. Gerade der Husarenharnisch hätte diesen Anforderungen weitgehend entsprochen. Paradoxerweise aber brachte der Einfluß des Rittertums und das Bestreben nach äußerlichen Effekten Schuppenharnische, die sogenannten Karazenen, auf das polnische Schlachtfeld. Sie wurden aus relativ kleinen, auf einer Stoff- oder Lederunterlage befestigten Metallschuppen gefertigt. Der Schnitt der Karazenen war unterschiedlich, es gab taillenlange Westen mit kurzen Ärmeln und Harnische, die den ganzen Körper des Kriegers bedeckten. Die Karazenenteile konnten auch mit einem Platten- oder Ringharnisch kombiniert

Brustplatte eines Husarenharnisches aus der ersten Hälfte des 18. Jahrhunderts, aus poliertem Stahl. An der Unterseite ist er mit Samt ausgelegt. Er gehörte einem Angehörigen der Radziwill-Schwadron, wie aus der Verzierung zu sehen ist.

werden. Dazu gehörte ein Helm, der ebenfalls aus Schuppen gefertigt wurde, die auf einer Lederunterlage befestigt waren. Er hatte die Form einer Husarensturmhaube oder war mit einem bunten Turban umwickelt. Die Karazenenharnische waren ausgesprochen unpraktisch. Sie schützten um nichts besser als die Husarenharnische und waren zudem noch wesentlich schwerer (auch über 25 kg). Trotz dieser Nachteile waren sie in Polen sehr lange beliebt und wurden erst um die Mitte des 18. Jahrhunderts nicht mehr verwendet.

Eine besondere Abart der halbschweren Kavallerie waren in Polen die sogenannten Gepanzerten. Schon der Name beschreibt in etwa ihre Rüstung. Es war ein Ringhemd, ein Panzer. Das Hemd wog 4,5 – 10 kg und sein Gewicht hing von der Größe der Ringe ab, aus denen es bestand. Meist hatten sie einen Durchmesser von 8–10 mm. An den Unterarmen waren gewöhnlich orientalische Armschützer, den Kopf bedeckte eine Misiurka. Zur Ausrüstung gehörte auch ein Schild, fast ausschließlich der orientalische runde Kalkan.

Die russischen Gebiete verfügten ursprünglich nur über Fußsoldaten. Erst nach den bitteren Erfahrungen aus den Zusammenstößen mit den Nomaden stellten russische Fürsten in der zweiten Hälfte des 10. Jahrhunderts auch Reitertruppen auf. Lange Zeit übten

Janitscharenkalpak aus versilbertem Messingblech. Er wiegt 1,5 kg und ist aus vier Teilen zusammengenietet. Getragen wurde er von den Janitscharen des Kurfürsten von Sachsen und Königs von Polen August II. des Starken (1670-1733) in der dreißiger Jahren des 18. Jahrhunderts.

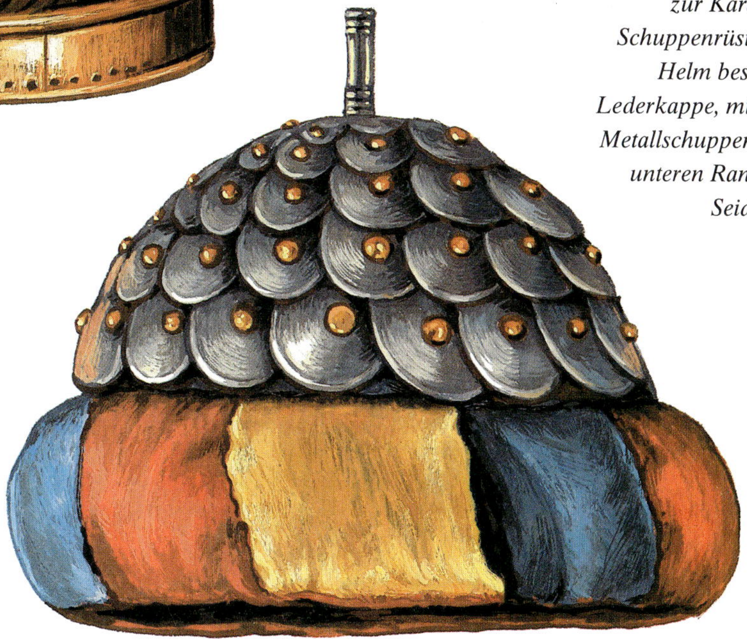

Karazenen-Turbanhelm aus dem 17. Jahrhundert. Solche Helme wurden von polnischen Kriegern zur Karazenen- oder Schuppenrüstung getragen. Der Helm bestand aus einer Lederkappe, mit oben aufgenieteten Metallschuppen und einem um den unteren Rand geschlungenen Seidenschal.

100 *Schulterstück und Unterarmschutz der Husarenrüstung von Dominik Aleksandrowicz, verziert mit vergoldetem Messing. Um 1765.*

Polnischer Karazenenhalbharnisch von der Wende des 17. zum 18. Jahrhundert. Er ist mit einem vergoldeten Messingschild am Kragen und mit Schulterstücken verziert, auf denen sich auf einer Samt- und Lederunterlage vergoldete Messingmaskarone befinden.

Husarenharnisch aus der zweiten Hälfte des 17. Jahrhunderts, hergestellt aus poliertem Eisen mit Messingverzierung. Auf dem Rücken sind typische Flügel befestigt, deren Leisten aus Holz bestehen.

Byzanz sowie von Norden die Wikinger oder Waräger einen großen Einfluß auf die Rüstung der Russen aus. Den Hauptteil der Schutzwaffen bildete bis zum 11.Jahrhundert ein runder Schild von relativ großen Abmessungen, der die ganze obere Hälfte der Gestalt des Kriegers verdeckte. Der Mehrzahl der Soldaten mußte dieser Schutz genügen. Die reicheren Angehörigen der Druschina, der Gefolgschaft der Fürsten, trugen darüberhinaus Ringhemden mit kurzen Ärmeln oder den von Byzanz übernommenen Lamellenpanzer. Dieser bestand aus länglichen, rechteckigen Lamellen, die durch Riemchen miteinander verbunden wurden. Die Helme waren konisch, zu einer höheren Spitze verlängert. Sie wurden aus mehreren Platten zusammengenietet und mit Beschlägen verziert. Dieser Helmtyp war in Westeuropa unbekannt, er ging von asiatischen Vorbildern aus. Eine beträchtliche Verbesserung des Schutzes, den der Helm bot, war die sogenannte Barmiza, eine Helmbrünne, die an seinem Rand befestigt wurde. Die Lamellen- und die Ringrüstung herrschte noch im 11. Jahrhundert vor. Beide Typen hatten die Form einer Jacke mit kurzen Ärmeln, die den Krieger nur bis zum Becken schützte. Auf dem Kopf trug der russische Druschinnik im 11. Jahrhundert meist einen konischen, in eine längere Spitze auslaufenden Helm aus einem Stück Metall und mit einer Barmiza ver-

Auch die Herrscherkronen hatten den Charakter von Helmen. Abgebildet ist die sogenannte Schapka des Fürsten Wladimir II. Monomach (1053–1125) vom Beginn des 12. Jahrhunderts.

Konischer Helm, der aus einem Stück Metall geschmiedet wurde. An seinem unteren Rand ist ein Naseneisen mit dem verstärkten Saum der Augenschirme angenietet. Auf dem Naseneisen und am unteren Helmrand sind Löcher zur Befestigung der Helmbrünne, der sogenannten Barmiza, erhalten, am Stirnteil eine silberne, vergoldete Platte mit Reliefdarstellung des Erzengels Michael. Die Helmspitze ist mit einem silbernen Aufsatz verziert, der den Heiligen Georg, Basileos, Christus Pantokrator und Theodoros darstellt. Den unteren Rand ziert ein vergoldeter Silberstreifen mit Reliefschmuck. Der Helm stammt aus dem ersten Jahrzehnt des 13. Jahrhunderts und wird dem Kiewer Fürsten Jaroslaw Wsewolodowitsch zugeschrieben.

104

sehen. Der Schild verlor größtenteils seine runde Form und nahm eine Form an, die damals auch im übrigen Europa üblich war, die Mandelform. Er wurde aus Holz gefertigt, mit Leder überzogen und am Rand und in der Mitte mit Beschlag verstärkt.

Im 12. Jahrhundert tauchte in Rußland auch der Schuppenharnisch auf, der etwa vom gleichen Schnitt war wie der oben beschriebene Harnisch. Die Schuppen waren auf einer Lederunterlage angenietet und ungleich groß. Die kleinsten bedeckten den Rumpf des Kriegers, die größeren, langen, bildeten Brusthemden und den Teil der Rüstung, der den Soldaten von der Taille bis zum Becken schützte. Diese Panzerung hielt relativ zuverlässig die Hiebwaffen und die feindlichen Pfeile ab, ohne dabei die Beweglichkeit einzuschränken, die für den Kampf mit der leichten Kavallerie so notwendig war. An der Wende vom 12. zum 13. Jahrhundert kam es zu einigen Veränderungen. Das russische Fürstentum mußte sich in dieser Zeit gegen die Einfälle der Ordensritter aus dem Nordwesten wehren. Vielleicht unter dem Einfluß der Begegnung mit den Schwerbewaffneten des europäischen Westens gab es bald auch in den russischen Truppen Reiter, die ganz mit einem Harnisch bedeckt waren. Auf dem Kopf trugen sie einen konischen Helm mit einer Barmiza. Er war verbessert mit einem Naseneisen oder einer Me-

Halbrüstung des Zaren Alexei Michailowitsch (1629–1676). Sie besteht aus einem Ringhemd mit Dreiviertelärmeln. Darüber wurde der reich verzierte Verstärkungspanzer, der sogenannte Spiegel getragen. Er bestand aus mehreren mit Atlasseide gefütterten Platten. Die Rüstung wurde 1663 von Meister Nikita Dawidow gefertigt.

Geflügelte Husarensturmhaube aus dem 18. Jahrhundert. Sie ist aus Eisen gefertigt, ihre Glocke ist kanneliert und endet mit einer Schmuckrosette. Die Haube wiegt 2,84 kg.

Brustplatte eines Küraß aus der zweiten Häfte des 17. Jahrhunderts. Sie ist mit einem reichen Pflanzenornament und einem Medaillon verziert, auf dem ein Löwe mit einem Schwert und einem Bündel Pfeile abgebildet ist.

Ein Paar Unterarmschützer aus dem 17. Jahrhundert. Sie bestehen jeder aus drei mit Ringgeflecht verbundenen Teilen.

tallhalbmaske, die den oberen Teil des Gesichtes schützte. Das Ringhemd dieser Reiter reichte bis zu den Knien und hatte lange Ärmel. Die Beine steckten in Ringstrümpfen. Die Schutzbekleidung wurde durch einen mandelförmigen Schild ergänzt. Natürlich wurde in Rußland auch weiterhin der Lamellenpanzer des byzantinischen Typs verwendet, doch wurde auch dieser vervollkommnet. Seine Plättchen von unterschiedlicher Form und Dicke wurden so an einer Stoff- oder Lederunterlage befestigt, daß sie einander überlappten. Dieser Rüstungstyp war in Rußland bis ins 15. Jahrhundert populär.

Die Mongoleneinfälle, auch die Begegnungen mit den Tataren oder Litauern führten im 14.–16. Jahrhundert in Rußland zu einer Reihe von Veränderun-

Typische Kombination von kleinen Plättchen und Ringgeflecht, der sogenannte Bechtjerez. Diesen fertigte 1620 der Waffenschmied Konon Michailow für den Zaren Michail Fjodorowitsch (1596–1645). Er besteht aus Stahllamellen und Plättchen und ist mit einer Goldtauschierung verziert.

gen in der Rüstung. Die Mandelschilde gingen zurück und wieder wurden runde Schilde neben Dreiecksschilden verwendet, ähnlich denen, die das westeuropäische Rittertum trug. In der Ausrüstung waren auch Reiterschilde, die Pavesen, zu finden. Der traditionelle konische Helm war weiterhin sehr beliebt. Sturmhauben mit Augenschirm, Ohren- und Nackenschutz kamen zur Ausrüstung hinzu, sie leiten sich von orientalischen Vorbildern ab. Am buntesten war die Schutzkleidung, die stark mit persischen und türkischen Mustern durchsetzt war. Es gab eine ganze Skala von Rüstungstypen, bei denen das Ringgeflecht mit Platten kombiniert wurde. Beim Kolontar waren zum Beispiel Rücken- und Brustteil an den Seiten verbunden, die Ärmel fehlten. Jedes der Teile wurde von größeren Metallplättchen gebildet, die mit Ringgeflecht verbunden waren. Aus Persien gelangte der Bechtjer (persisch Begter) nach Rußland, ein Panzer, der von dichten vertikalen Streifen kleinerer, rechteckiger Lamellen gebildet wurde, die mit Ringgeflecht verbunden waren, so daß sie sich überlappten. Es waren bis zu 1500 Lamellen, und die Rüstung wog etwa 12 kg. Sie bot einen sehr guten Schutz bei unverminderter Beweglichkeit. Das Gegenstück zur westeuropäischen Brigantine war der Kujak, der über dem Ringpanzer getragen wurde. 1548 wird in russischen Quellen zum ersten Mal auch der Juschman erwähnt, ein Ringhemd mit mehreren Dutzend Platten, die zwischen dem Ringgeflecht befestigt sind. Eine Rüstung dieser Art wog bis zu 15 kg und wurde durch Versilberung und Vergoldung der Platten verziert. Nicht zu vergessen ist auch der Bajdan. Es handelte sich um ein Ringhemd aus großen flachen Ringen, die ideal vor Hiebwaffen schützten. Aus Persien stammten ebenfalls die Verstärkungsplatten der Rüstung, sogenannte Spiegel (persisch chair aina). Ursprünglich waren es vier: ein Rücken-, ein Brust- und zwei Seitenspiegel. Sie wurden durch ein System von Riemchen und Schnallen untereinander befestigt. Den Namen erhielten diese Platten, weil sie oftmals auf Hoch- oder Spiegelglanz poliert

Runder Eisenschild, der mit dem Relief des Kreuzes und Bronzenieten verziert ist. Sein Durchmesser ist 52 cm und er stammt aus dem 17. Jahrhundert.

Unterarmschutz, der sogenannte Butyrlyki, der 1664 von Grigori Wjatkin angefertigt wurde. Er besteht aus drei vergoldeten Eisenplatten, die mit einer Kannelüre verziert sind. Die Platten sind durch Ringgeflecht miteinander verbunden.

Verstärkungsplatten der Rüstung, sogenannte Spiegel. Dieser Typ ist von persischen Mustern abgeleitet. Er wurde im 17. Jahrhundert aus Stahl geschmiedet und mit Pflanzenornamenten und einem Mittelmedaillon mit dem zweiköpfigen Zarenadler verziert.

wurden. Später, im 17. Jahrhundert, wurden in Rußland die Spiegel zu kleinen Kunstwerken. Die Platten wurden auf teuren Stoffen befestigt, es änderten sich ihre Form, Anzahl und Verzierung, und der ganze Spiegel erhielt den Charakter einer oben mit Platten ausgelegten Weste. Auch die Pferde der schweren Reiter wurden durch Rüstungen geschützt, die offensichtlich von orientalischen Vorbildern ausgingen. Es handelte sich um den sogenannten Chaldar, die Schabracke, bedeckt mit reich verzierten Platten verschiedener Formen und Abmessungen, die Brust, Flanken und Rücken des Pferdes schützten.

In Rußland findet man relativ oft auch die sogenannte weiche Rüstung, d.h. eine Rüstung, die aus nichtmetallischen Materialien gefertigt wurde. Es handelte sich um ausgestopfte und wattierte Steppkaftane, ergänzt mit einer ebenso konstruierten Kopfbedekkung. Ihr typisches Merkmal war der hohe, gesteppte Stehkragen, der den Nacken des Soldaten schützte. Dieser Rüstungstyp bot einen ausreichenden Schutz gegen Pfeile und Hiebwaffen und stellte so eine erschwingliche und willkommene Ergänzung zur Ausrüstung der ärmeren Angehörigen des Heeres dar.

In der zweiten Hälfte des 17. und zu Beginn des 18. Jahrhunderts schwand die Besonderheit der russischen Nationalrüstung allmählich. Zar Peter I. (1672 bis 1725) war bemüht, seine Armee möglichst rasch dem damaligen westeuropäischen Standard anzupassen sowohl in der Ausbildung und der Art des Kampfes als auch in der Ausrüstung und Ausstattung. Die Buntheit verlor sich und die Ausrüstung wurde einheitlich.

RÜSTUNGEN DES ORIENTS

Der Orient hat für den Europäer noch immer einen Hauch von Ferne und Exotik an sich. Geographisch kann man ihn unterschiedlich definieren. Man kann ihn auf die islamischen Länder Vorderasiens begrenzen oder auch auf die Staaten des Fernen Ostens ausdehnen, ihn mit beinahe ganz Asien identifizieren oder nur einige Gebiete dieses gewaltigen und menschenreichen Kontinents dazurechnen. Dieses Buch kann nicht die ganze komplizierte und vielfältige Entwicklung der Schutzwaffen in den Ländern des Orients erfassen, es konzentriert sich nur auf einige ausgewählte Bereiche.

Als das Weströmische Reich in der Zeit der Völkerwanderung endgültig zerfiel, entstanden in Europa neue Staatsgebilde, deren Soldaten anders als im Al-

In Persien wurden meist Verstärkungsplatten verwendet, die über der Ringrüstung getragen wurden. Es waren vier und man nannte sie Spiegel - Chair aina. Sie waren mit Riemen oder metallbedeckten Bändern untereinander verbunden. Die abgebildete Platte ist mit Damast verziert und vergoldet.

Unterarmschutz, sogenannter Dastan. Damit verbunden ist ein Handschuh, besetzt mit Ringgeflecht. Der Unterarmschutz ist mit goldenem und silbernem Dekor bedeckt, das eine Damaszierung nachahmt und von unten mit Samt ausgelegt ist. Der Krieger befestigte ihn mit Riemchen am Unterarm.

tertum kämpften. Sie verwendeten auch eine andere Ausrüstung, die aber zunächst qualitativ hinter den Rüstungen der antiken Welt zurückstand, weil die Handwerkstraditionen unterbrochen und die Herstellungszentren aufgelöst waren.

Ganz anders war die Situation in Vorderasien. Bis hierhin reichten die Provinzen des in dieser Zeit noch lebendigen und funktionstüchtigen Oströmischen Reiches, das man bereits das Byzantinische Reich zu nennen begann. Eine Reihe alter Städte blühte noch immer und die Handwerker, die in ihren Mauern ihren Lebensunterhalt verdienten, bewahrten und vervollkommneten die von der Antike her bekannten technischen Verfahren. Die häufigen Begegnungen von Byzanz mit den Heeren der verschiedenen asiatischen Staaten und mit ganzen Horden von Angreifern führten nicht sogleich zum Niedergang der byzantinischen Zivilisation, sondern trugen zu einer gegenseitigen Beeinflussung der Kulturen und der Übernahme von Erfahrungen und Wissen bei, wobei selbstverständlich auch die Schutzwaffen einbezogen waren.

Im Altertum befanden sich bedeutende Zentren der Rüstungsentwicklung und -herstellung im ehemaligen Assyrischen Reich und vor allem in Persien. Unter der Herrschaft der Sassaniden war Persien bis zum 7. Jahrhundert der Schmelztiegel, in dem viele alte Erfahrungen mit neuen Impulsen zu der Grundlage verschmolzen, von der für eine Reihe von Jahrhunderten die Schutzwaffen in der gesamten islamischen Welt ausgingen.

Runder Schild, im 19. Jahrhundert aus Stahl gefertigt. Solche Schilde verwendeten die indischen und persischen Soldaten. Man nannte sie Dhal oder Sipar. Der abgebildete Schild ist mit Ziselierungen und Vergoldung verziert. Die Griffe an der Rückseite für die linke Hand des Kriegers werden von vorn durch massive Metallnaben verdeckt.

Typische Sindh-Rüstung (Westpakistan) aus dem 18. Jahrhundert. Der Helm ist aus Stahl, geschmückt mit Bronze, den Körperschutz sichern Bronzeplatten, die mit Ringgeflecht verbunden sind.

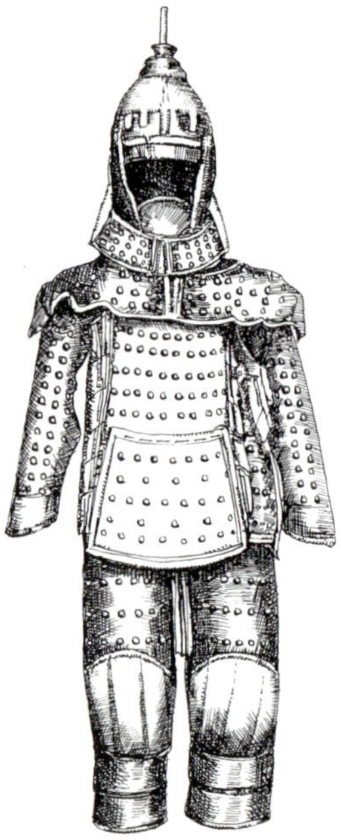

Chinesische Prunkbrigantine, eine Schutzkleidung aus zwei Schichten Stoff, zwischen die Metallplättchen eingenäht sind.

Nackenschutz, der aus mehreren, sich überdeckenden Metallplatten oder aus Metallschuppen bestand. Man trug Ringhemden, außerdem waren hier verschiedene Formen von Plattenjacken, eigentlich die orientalische Analogie der Brigantinen, populär. An Brust und Rükken verdoppelte man den Schutz durch größere Platten verschiedener Formen, die an Riemen befestigt waren. Aus ihnen entstand schrittweise die typische persische Verstärkung der Rüstung (chair aina, was in der Übersetzung „vier Spiegel“ heißt). Es handelte sich um vier Platten (Brust-, Rücken- und zwei Seitenplatten), die durch Riemchen miteinander verbunden wurden. Sie waren meist auf Spiegelglanz poliert, mit Vergoldung, Versilberung usw. verziert. Auch bei diesen Rüstungstypen schützten Bazubande die Unterarme, und der Reiter hatte ebenso die Beine gepanzert. Meist war es ein Stoff- oder Lederschutz mit einem aufgenähten Metallknieschutz, bedeckt mit kleineren länglichen Metallplättchen. Sie wurden oben auf den Hosen befestigt und reichten bis unter die Knie. Die Schilde waren, ebenso wie in anderen islamisch beherrschten Gebieten, fast ausschließlich von runder Form. Vom 16. bis zum 19.Jahrhundert herrschte in Persien eine Rüstung vor, die fünf Bestandteile hatte. Der Helm der persischen Rüstung hatte eine niedrige, halbkugelförmige Glocke, und ihre frühere Spitze wurde von einer Vierkantspitze abgelöst, die oben auf die Glocke aufgesetzt wurde. Das Gesicht wurde durch ein verschiebbares Naseneisen geschützt, an dessen Seiten am Helm zwei Metalltüllen für den Federschmuck befestigt waren. Die Kopfbedeckung wurde durch eine auf die Schultern fallende Helmbrünne ergänzt. Der zweite Teil der Rüstung war ein Ringhemd, das bis zur Mitte der Schenkel reichte. Die Ringe waren relativ klein. Durch die Kombination von Ringen aus verschiedenem Material, etwa Stahl und Kupfer oder Bronze, entstand im Hemd in manchen Fällen ein Ornament. Zum Hemd gehörten mehrere Plattenteile, und zwar Ellbogenschützer und Spiegel. Sie wurden meist aus hochwertigem damasziertem Stahl hergestellt und waren mit einer reichen ornamentalen Verzierung bedeckt.

Osteuropa und ein Teil Mitteleuropas wurden im Bereich der Ausrüstung relativ stark durch die Türkei beeinflußt, deren Armee mehrere Jahrhunderte lang das christliche Europa bedroht hatte. In Istambul arbeiteten in großen Werkstätten und Manufakturen Hunderte Waffenmeister aus verschiedenen Ländern.

Chinesischer Helm aus dem 18.Jahrhundert, aus zwei Eisenplatten geschmiedet. Er ist mit Silber verziert, am Rand ist eine Ringbrünne befestigt.

Darunter waren Perser, Syrer, Armenier neben Griechen, Ungarn und Italienern. Die Türken wurden vor allem durch ihre Eliteinfanterie, die Janitscharen berühmt, doch diese trugen keine Schutzwaffen. Die türkische Kavallerie, besonders die Sipahi, wehrte sich nicht gegen die Benutzung einer Schutzbekleidung. In ihrer Ausrüstung befanden sich vor allem wiederum Ringhemden, oder Hemden, die Ringgeflecht mit Platten kombinierten. Der persische Spiegel war auch in der Türkei beliebt, wurde jedoch nicht mit Riemchen befestigt. Seine Platten waren an einer Art Weste angearbeitet und mit weiteren Metall-Lamellen ergänzt. Die Beine der schweren türkischen Reiter wurden durch Ringhosen geschützt, bei denen Metall-Lamellen auch direkt in das Ringgeflecht eingesetzt wurden. Drei Helmarten wurden verwendet: Die Turbanhaube,

Garnitur einer persischen Rüstung aus dem 18. Jahrhundert. Helm und Schild sind mit einem vergoldetem Ornament verziert. Das Ringhemd besteht aus Ringen mit 10 mm Durchmesser. Zur Rüstung gehören reich dekorierte Armkacheln.

der Zwiebelhelm mit Ohren- und Nackenschutz und einem Augenschirm sowie seit dem 15. Jahrhundert der sehr beliebte leichte Helm aus einem Ringgeflecht, ergänzt durch eine kleine runde Platte oben auf dem Kopf, die Misiurka. In der gesamten türkischen Armee waren die aus den verschiedensten Materialien wie Leder, Kupfer, Stahl und Bronze hergestellten runden Schilde beliebt. Einen besonderen Platz nahmen die aus Weidenruten geflochtenen Schilde ein, die Kalkane hießen. Jede Rute wurde sorgfältig mit Seiden- oder Baumwollfäden umwickelt, deren Färbung auf der Schildoberfläche ähnliche ornamentale Motive schuf, wie wir sie zum Beispiel von den orientalischen Teppichen her kennen. Die Mitte des Schildes wurde durch eine Metallnabe verstärkt, und an der Rückseite hatte er ein Stoff-Futter mit einer Spezialausstopfung an der

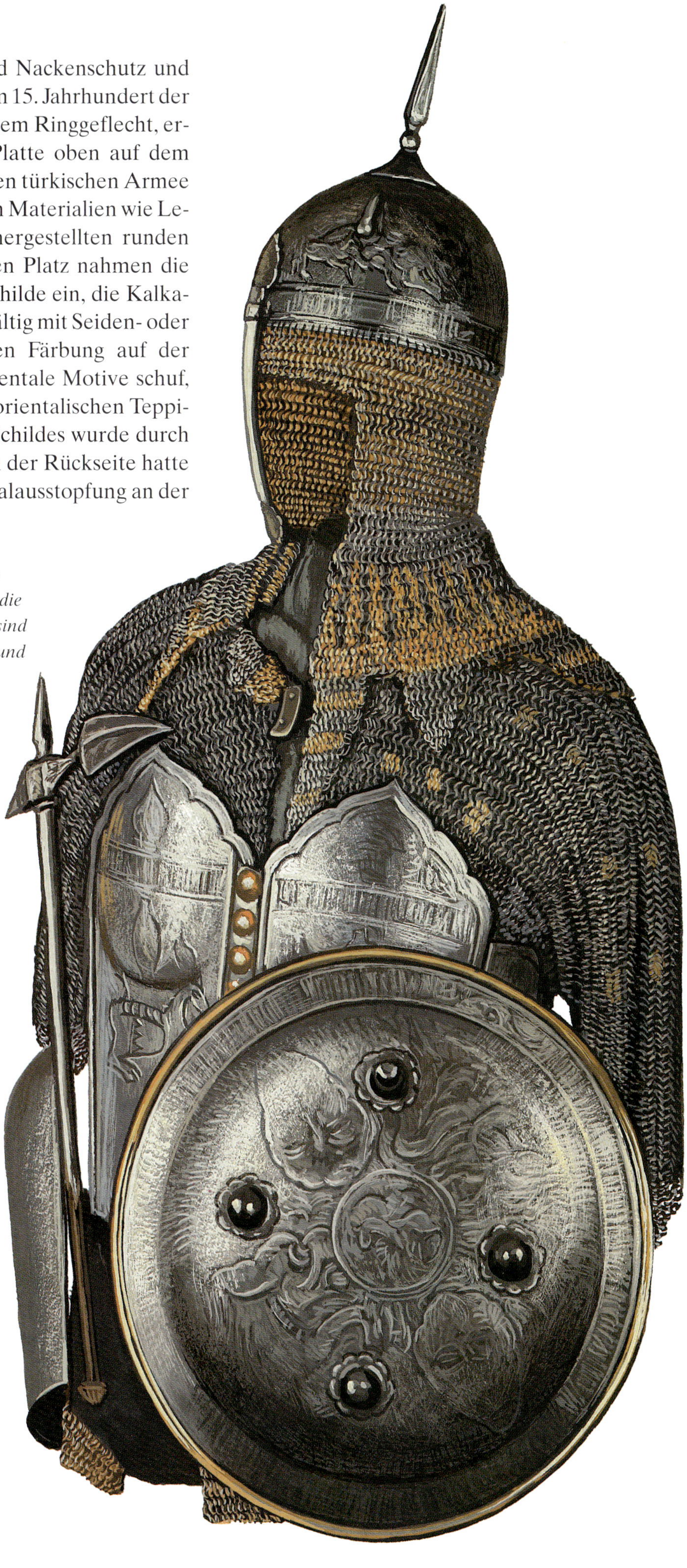

Rüstung aus dem Iran. Die Verstärkungsplatten, die über die Ringrüstung gezogen werden, sind mit einem geätzten Ornament und Silberinkrustation verziert.

Komplette Samurai-Rüstung aus dem 18. Jahrhundert. Am Helm das Wappen des Geschlechts der Dakiga-Hiwa.

Stelle des Armgriffs. Die Kalkane waren widerstandsfähig gegen Säbelhiebe und konnten auch feindliche Pfeile auffangen.

Ihre Pferde schützten schon die persischen Schwerbewaffneten mit metallbesetzten Schabracken, und ähnliche Schabracken, bedeckt mit Metall-Lamellen und ergänzt durch eine Stirnplatte, trugen die Pferde der persischen schweren Reiterei. Bei den Offizieren der türkischen Sipahi begegnet man auch Pferden, die eine Ringschabracke bedeckte, in Kombination mit Metall-Lamellen in unterschiedlicher Größe und Form.

Außerordentlich reich und lang ist die Geschichte der Schutzwaffen in China. Die ersten archäologisch belegten Teile einer Rüstung sind Bronzehelme, die aus dem 2. Jahrtausend v. Chr. stammen. In China domi-

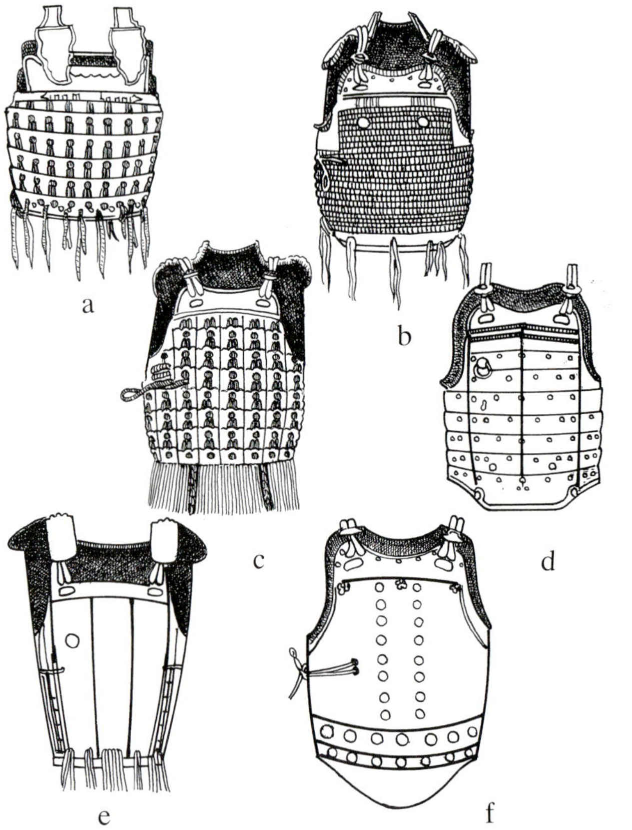

Japanische Kürasse:
a) Mogami-dó
b) Tachi-dó
c) Nuinobe-dó
d) Yokohagi-dó
e) Sendai-dó
f) Hotoko-dó

nierte lange die sogenannte weiche Schutzkleidung, deren Hauptmaterial hartgegerbtes Leder war. Es gab zwei Grundarten dieser Kleidung. Die erste hieß Kia und wurde von einer Jacke mit aneinandergenähten vierkantigen Lederstücken gebildet. Der zweite Typ, Kiai, war aus einander überlappenden und unten abgerundeten Lederschuppen zusammengesetzt. Das ursprüngliche Material war Nashornhaut, aber während der Chan-Dynastie, nach der Ausrottung dieser Tiere, wurde die Rüstung aus Stierhaut angefertigt. Später wurde für beide Rüstungstypen auch Metall verwendet, Kupfer, Bronze und Eisen. Aus Mittelasien brachten Nomaden den Ringpanzer nach China, der aber hier keine besondere Verbreitung fand. Die chinesische Reiterei verwendete frühzeitig Lederpanzer und Helme, und ähnlich konstruierte Schabracken schützten die Pferde.

Unter der Herrschaft der Tang-Dynastie (618–907) weitete sich die Skala der Rüstungstypen aus. Zeitgenössische Quellen zählen sogar an die 13 Arten verschiedener Schutzbekleidungen, entweder aus Metall oder aus Stoff und Leder. Wir finden Platten-, Schuppen-, Ketten- und kombinierte Panzer, daneben Rüstungen aus Leder, Baumwolle, Filz und selbst aus

Samurai-Rüstung aus dem 19.Jahrhundert.

Zwei komplette Samurai-Rüstungen

INHALT

Vorwort **7**

Aus der Werkstatt des Hephäst **11**

Das goldene Zeitalter des Rittertums **33**

Höhepunkt und Ende des Plattnerhandwerks **53**

Zwischen Europa und dem Orient **87**

Rüstungen des Orients **111**

Schlußwort **125**